Minha Palavra

Paulo **C**esar de **O**liveira

Repórter e colunista, uma referência da comunicação em Minas e no Brasil
MinhaPalavra

JOSÉ OLYMPIO
EDITORA

© Paulo Cesar de Oliveira

Reservam-se os direitos desta edição à
EDITORA JOSÉ OLYMPIO LTDA.
Rua Argentina, 171 — 2º andar — São Cristóvão
20921-380 — Rio de Janeiro, RJ — República Federativa do Brasil
Tel.: (21) 2585-2060
Printed in Brazil / Impresso no Brasil

Atendimento e venda direta ao leitor:
mdireto@record.com.br
Tel.: (21) 2585-2002

ISBN 978-85-03-01138-9

Edição de texto: EDUARDO MURTA
Fotos da capa e do miolo: NÉLIO RODRIGUES
Capa: INTERFACE DESIGNERS / SERGIO LIUZZI
Diagramação: editoríarte

Livro revisado segundo o novo Acordo Ortográfico da Língua Portuguesa.

CIP-BRASIL. CATALOGAÇÃO NA FONTE
SINDICATO NACIONAL DOS EDITORES DE LIVROS, RJ

O45m   Oliveira, Paulo Cesar de
           Minha palavra: Repórter e colunista, uma referência da comunicação em Minas e no Brasil / Paulo Cesar de Oliveira. — Rio de Janeiro : José Olympio, 2012.

           1. Oliveira, Paulo Cesar de. 2. Jornalismo — Minas Gerais — História. 3. Jornalismo — Brasil — História. 4. Comunicação — Brasil — História. I. Título.
           ISBN 978-85-03-01138-9

12-7292.   CDD: 079.81
                                          CDU: 070(81)

Sumário

A Cesar o que é de Paulo, por Arnaldo Niskier — 9

Palavra minha: Ontem, hoje e amanhã — 13
Daquilo que levo no coração — 15
Eu queria era sonhar — 19
Se o mundo dá voltas, voltei — 23
Dos tempos de calção aos sonhos maduros, por Roberto Luiz Silva Lopes de Oliveira — 26
O jornalismo me chamou — 30
Ah, minha sonhada BH — 32
Redação é outro mundo — 34
Na redação do bravo e saudoso Diário da Tarde, por Fábio Doyle — 36
O começo é sempre uma escola — 39
O colunismo, ah, o colunismo morreu — 42
Tantos desafios e uma lição singular — 44
Um profissional sempre eclético, por Milton Lucca — 46
Inhotim, uma referência — 48
Paris uma vez, Paris para sempre — 65
A essência está na percepção, por Marco Antônio Andrade de Araújo — 68
Na grande casa dos mineiros — 70
Tem gente nova na redação!, por André Carvalho — 73
Três letras e uma reflexão — 75
A terapia do beliscão, por Roberto Drummond — 77
Glamour, tudo bem, mas deslumbramento.... — 80

Ainda haverão de reconhecê-lo como um pioneiro, por Hermógenes Ladeira	82
Nos bailes da vida	87
Uma artista como poucas	89
Falo por meu pai, por Anna Paola Frade Pimenta da Veiga	91
Entre os papas. E as intrigas	92
PCO chegou, viu e venceu!, por Gilberto Amaral	94
Me chamem de repórter, por favor	96
Amadurecendo a notícia	98
Dono de uma prosa provocadora, por Arlindo Porto	101
Um milico batendo à minha porta	104
Aquele turco inesquecível	106
Um lorde chamado Zózimo	109
Um gourmet com educação e conhecimento, por Valmir Pereira	110
JK cruzou o meu caminho	129
Da posse para o mundo	131
Um estilo de jornalismo diferente, por José Santana de Vasconcellos	133
Exclusiva. E com o presidente!	135
Aos derrotados, café frio	137
Um pedido do Tancredo	140
Neto, presidente da Câmara, governador	141
Uma noite com o senador Thales Ramalho	142
De pequenas derrotas a vice-presidente	143
Um homem sem medo do recomeço, por Leopoldo Bessone	145
Um adeus e um bem-vindo	149
Levei minhas luvas de pelica	152
Dos bancos de escola à futura parceria, por Carlos Lindenberg	154
Aos que são essenciais	158
Onde come um, comem seis	159
De longe eles me amparam	177
Ele faz a integração, por Luiz Henrique Andrade de Araújo	179

Um passarinho dentro de casa	181
Meu sobrinho-filho, por Marina Lorenzo Fernandez	182
Um milagre, dois milagres	185
Havia um sonho guardado	186
Uma marca que o diferencia, por Antonio Augusto Anastasia	188
Melhor é viver	191
Vai um guaranazinho aí?	194
Ele navega no rio dos bem-sucedidos, por João Doria Junior	196
Comunicar de olho no futuro	198
Colocando Minas Gerais no centro das atenções, por Paulo Paiva	200
Multiplicar para crescer	202
Me queiram bem	204
Uma visão além das fronteiras de Minas, por Ricardo Vicintin	206
O Rei Roberto no meu aniversário	208
Uma visão macro de país, por Caio Luiz de Carvalho	210
Um toque de feminilidade	212
Com ele de corpo e alma, por Maria Luiza Lanna Anastasia Cardoso	213
Como é bom dizer "meu filho"	217
Escritório no quarto de hospital, por Ana Lúcia Cortez	219
Conto nos dedos e me orgulho	222
Eu, por meus olhos	224
Ontem atleticano, hoje cruzeirense	241
De obstinação, lealdade e cases *mercadológicos*, por José Lúcio Costa	243
A moda, ah, a moda...	248
Uma amizade que nasceu entre as gravatas, por Salvador Ohana	249
Um quarto, por favor	252
Gostei. Fui de novo	255
Acima de tudo, um aglutinador, por Cláudia Fialho	256
Empreendedor e jornalista, por que não?	258
De Pedra Azul para Londres	260

Meu coração daria letra de samba	261
Parceria para a vida e o trabalho, por Paulo Cesar Alckimin de Oliveira	264
Celebrando a vida dia após dia	267
Bom-dia, cirurgiões...	270
Para além do que os olhos veem	289
Um presente de Deus, por Gustavo Cesar de Oliveira	292
A brisa dos fenômenos me visita	296
Sempre uma pessoa carinhosa, por Dulce Lopes de Oliveira Aguiar	299
Bom é o que virá	301

A Cesar o que é de Paulo

Manifestações literárias constituem uma espécie de preâmbulo do que se convencionou chamar de literatura. Quando são produzidas crônicas que se confundem com simples relatos factuais, nem sempre se está fazendo literatura.

Ao ler os originais, muito bem escritos, do jornalista Paulo Cesar de Oliveira – a quem se pode igualmente atribuir o registro de escritor –, logo vem à mente a defesa calorosa do acadêmico Antonio Olinto, também mineiro, das íntimas relações entre a literatura e o jornalismo. Não há limites perfeitamente claros entre ambos e muitos intelectuais se equivocam quando se recusam a considerar a ação dos homens de imprensa como uma forma respeitável de literatura.

Temos alguns exemplos objetivos dessa ambivalência. Dois deles são mineiros ilustres, igualmente escritores e jornalistas que honraram as tradições literárias das Alterosas: o poeta Paulo Mendes Campos e o cronista Fernando Sabino, que brilharam durante muitos anos nas páginas da revista *Manchete*, ao lado do incomparável Rubem Braga. Na mesma publicação, tive o privilégio do convívio com outros dois primorosos intelectuais: Murilo Melo Filho e Carlos Heitor Cony, aos quais saudei quando da entrada na Casa de Machado de Assis. Em todas as ocasiões, fiz questão de ressaltar que o jornalismo e a literatura podem conviver em harmonia, na mesma pessoa, como provam dezenas de casos da nossa história.

Considerado por muitos como o pai do romance brasileiro, por seu estilo de ficção, personagens, enredo e ambiência, além da forma de interpretar o mundo, José de Alencar escolheu o jornal para lançar algumas das suas grandes obras, como *O Guarani*, que nasceu no formato de folhetim.

No naipe feminino, podemos citar Rachel de Queiroz, ocupante durante muitos anos da última página da revista *O Cruzeiro*, e Clarice Lispector, que escrevia para jornais e colaborou também na revista *Manchete*, nos anos 1960, em que trabalhei, como chefe de reportagem.

Essa discussão veio à tona novamente, quando foi eleito para a Academia Brasileira de Letras, recentemente, o jornalista Merval Pereira, de *O Globo*. Classificado na categoria de "notável", ao escrever o livro *O lulismo no poder*, que tem o valor histórico de um poderoso ensaio, balançou certas verdades discutíveis, nos meios culturais brasileiros.

Remete-se o nosso pensamento à origem da Academia Brasileira de Letras e, nele, a figura ímpar de Machado de Assis. Considerado o nosso maior escritor, com os seus nove romances memoráveis, Machado figurou durante toda a sua vida fecunda nas páginas dos jornais da época. Os leitores se deliciavam com as crônicas e os seus mais de 200 contos, dando-lhe a dupla condição de escritor e jornalista. Quem teria coragem de protestar contra essa evidência?

É do presidente Marcos Vilaça a lembrança:

> ABL começou com Joaquim Nabuco, com Machado de Assis, e daí em diante nunca deixou de ter jornalistas entre seus integrantes. Merval mantém essa tradição e, particularmente dentro do jornalismo político. A atuação dele em diversos meios de comunicação, além disso, confirma a visão que Machado defendia para a Academia, de conciliar a tradição e a modernidade.

Voltamos a Paulo Cesar de Oliveira, que honra a imprensa brasileira com os seus muitos anos de prática. Colunista, repórter, criador de revistas, profissional sempre muito respeitado, não só em Minas Gerais, mas em todo o país, lança agora *Minha palavra*, pela Editora José Olympio.

Não se trata de um relato biográfico. São ricos fragmentos de uma vida movimentada de 66 anos de idade, com relembranças que vêm desde o Colégio São José, de Montes Claros.

Paulo Cesar de Oliveira sopra a poeira dos retratos e nos dá, num estilo personalíssimo, a sua visão daquilo que leva no coração e do seu permanente desejo de sonhar. Voltou para Belo Horizonte no início dos anos 1960 e confessa que ficou definitivamente enamorado pela capital mineira. Ali viveu os tempos agitados da boemia, quase uma segunda natureza dos jornalistas da época.

Chamado pelo jornalismo, frequentou diversas e saudosas redações, como a do bravo *Diário da Tarde*, quando se iniciou no colunismo bem-sucedido. Veio depois o fascínio pelo Rio de Janeiro, as muitas viagens ao exterior, mas a fixação por dois polos essenciais: Paris e Nova York.

Tem uma característica especial: respeita a opinião dos outros, prova de humildade intelectual, que nele é uma constante. Até os amigos mais íntimos reconhecem essa qualidade, nem sempre presente nos que conhecem o brilho da glória. Leva em conta o conselho que deu ao seu amigo, o escritor Roberto Drummond: "Temos um inimigo a combater: o rei na barriga". Que valeu uma crônica de Roberto.

Paulo Cesar reúne a dupla condição de pioneiro e empreendedor, o que costuma ser raro encontrar na mesma pessoa, com igual intensidade. Isso não o impediu de gostar de valsa, talvez por influência do presidente JK. Gilberto Amaral, outro craque da crônica brasileira, considera que "PCO chegou, viu e venceu", elogiando o amor com que se devotou à sua missão.

Mesmo sendo dono de uma prosa provocadora, Paulo Cesar gosta mesmo é de ser chamado de repórter. Nessa condição, pôde apreciar outros papas da imprensa brasileira, como os seus contemporâneos Ibrahim Sued e Zózimo Barroso do Amaral. Considerava este um verdadeiro "lorde" – e era mesmo.

Neste atraente livro, não poderia faltar a extraordinária figura de Tancredo Neves, que cruzou muitas vezes sua vida, antes de viver o drama que o levou à morte.

Pela selecionada lista de depoentes, esta obra é de agradável leitura, com dados históricos que a tornam imperdível, sobretudo para os que se encontram envolvidos pela saga da comunicação, como é o nosso caso, há mais de 60 anos.

Para Machado de Assis, a busca da verdade humana na obra literária não inclui a preocupação com configurações otimistas ou pessimistas expressas pelo autor de *Esaú e Jacó*:

> [...] tempo é um tecido invisível em que se pode bordar tudo, uma flor, um pássaro, uma dama, um castelo, um túmulo. Também se pode bordar nada. Nada em cima do invisível é a mais sutil obra deste mundo, e acaso do outro.

Paulo Cesar de Oliveira tem uma visão macro do nosso país e é um otimista nato, pois costuma afirmar que "bom é o que virá". Enquanto isso, propicia a nós, seus leitores, o prazer de uma obra muito bem construída e que certamente veio para ficar.

Arnaldo Niskier,
da Academia Brasileira de Letras

Palavra minha

Ontem, hoje e amanhã

Há várias formas de dialogar com o mundo. Escrever é uma delas. Expor, revelar, jogar luz sobre os acontecimentos. Olhar para dentro de si, para o que o cerca. Mirar ao longe. Às vezes, não é fácil. Sobretudo quando falamos de nós mesmos. Eu quis, peito aberto, correr esse instigante risco. Eis-me aqui, portanto.

Não, não esperem relatos com estilo biográfico. É modelo para quem morreu. Me perdoem, mas penso assim. Prefiro o desafio de provocar a memória, colar fragmentos, frações do que vivi, observei e senti ao longo desses 66 anos. Mas em outra perspectiva. Alinhavando ontem, hoje e amanhã. Quanta coisa. Quantas pessoas. Quantas passagens que decididamente não se apagam. Porém, melhor é o que virá.

Sou feliz por mim e por todos que me acompanham. E, fundamentais, também reverencio os que se foram. Quando penso naquele menino que fez parte da turma inaugural do Colégio São José, numa Montes Claros dos anos 1950... Quando me recordo da primeira coluna, escrita à mão, publicada na *Gazeta do Norte*, batizada de "Miscelânea"... Me visita a sensação de que aqueles sonhos seguem mais vivos que nunca. A vida é assim.

É para partilhar que reabro minhas gavetas, sopro a poeira dos retratos, agito levemente o caleidoscópio de emoções. Cá exponho dilemas, convicções, um humilde olhar sobre o mundo, algumas experiências que servem para que sejam observadas, mas, acima de tudo, uma chama de esperança que a vida ajudou a tornar mais madura. E, falando baixinho, uns pequenos segredos da juventude, do jornalista, do colunista, do repórter, do empreendedor. Estendo a vocês minha palavra. Palavra minha.

Paulo Cesar de Oliveira

Daquilo que levo no coração

Daqui de onde posso mirar as linhas da Serra do Curral, dia após dia maravilhado com sua sagrada imponência, a vida segue se desenhando como um convite para refletir, refletir e refletir. E eis que me surpreendo, pensando que lá se foram mais de seis décadas e ainda estão a me visitar velhas e novas interrogações, certezas antigas e recentes. De uma dessas convicções, que cultivo como a um talismã, jamais me afasto e sempre sinto prazer peculiar ao repeti-la: nada acontece por acaso.

Este nosso encontro, por exemplo, haverá de ser mais que pela cor dos meus olhos – são castanhos em tom escuro – ou pela condição de escorpiano, nascido num 9 de novembro em que o mundo – era 1945 – juntava seus cacos alguns meses depois do fim da Segunda Guerra Mundial. Descobri, pela voz doce de meus pais, que nasci numa manhã, fazia sol, mas houve uma ligeira chuva, fininha, e as ruas vizinhas ao Hospital São Lucas, no pioneiro Bairro Funcionários, exalavam bucolismo. Ah, era outra Belo Horizonte...

Se você imagina que sou saudosista, delicadamente respondo que não. É verdade que experimentei épocas muito boas, mas o que foi passagem agradável é para ser lembrado e às vezes cultuado, e não para ficarmos presos a essa memória. Sou devoto do presente e do futuro. Prefiro a efervescência dos ponteiros girando o dia adiante, e me inspiro na generosa sentença de que bom é o que virá. Naturalmente, me cuido para não me afastar do orgulho das tantas coisas que vivi. Elas estão em dezenas de ruas, monumentos, lugares, no céu da capital, em seus cheiros, sua noite, no que escrevi, em outros cantos de Minas, do Brasil e do mundo por onde andei e, acima de tudo, na gente que conheci. Isso, podem ter certeza, carrego comigo. Um patrimônio que é só meu.

E como um dos ensinamentos preciosos que aprendi pelo caminho é o de ser humildemente grato, levo a Montes Claros que me acolheu antes que eu completasse um ano como minha cidade natal. Vem aqui no coração. Como fui parar lá? Acho que guiado pelo gene de pioneirismo de minha família. Meu pai, o severo advogado Décio Lopes de Oliveira, trabalhava no Banco de Minas Gerais e foi transferido de Belo Horizonte para o que era muito, mas muito mais distante que os atuais 430 quilômetros que a separam de BH. Isso foi em 1946. A tarefa era abrir a primeira agência do banco no município, da qual ele se tornaria gerente.

Fomos morar num apartamento que era bem semelhante a um sobrado, na Praça Oswaldo Cruz. Tinha janelões, era pintado de amarelo e dava de frente para a Praça de Esportes, um dos lugares mais agitados da cidade. Era uma festa só. E acho que isso, no fundo, me inspirou. Sou o segundo filho – já nascera Tereza Cristina – e depois chegaram quatro: Roberto, José Eymard, Luiz Felipe e Maria Celina. Lá em Montes Claros, então, eu vivi a infância e parte da juventude. Alguns dizem que carrego um traço do sotaque do Norte até hoje.

Mesmo não sendo da cidade, papai logo conseguiu um bom convívio com todo mundo. Mamãe, Elza Silva Lopes de Oliveira, fez amizades com a mesma facilidade. E os filhos também foram criando uma relação fraterna com o lugar e seus habitantes. Relatando essa época, é como se eu pudesse até tocar a sensação dos dias de aula no Grupo Escolar Gonçalves Chaves, na Praça do Automóvel Clube, onde cursei o primário. Depois, veio o ginásio no Colégio São José, Marista, em 1957, onde fui da primeira turma. Não era um colégio ortodoxo e, apesar de católico, não tinha a obrigação da religiosidade, embora fosse quase automático participar da igreja. Minha formação familiar era católica, de frequentar a missa, especialmente mamãe, que tinha uma devoção muito grande. Mas eu, com o passar dos anos, me tornei ecumênico.

Voltando ao Marista, o ensino era rígido, abrangente. Dava ansiedade. Ufa! Fui aprovado em todas as séries. Não com as notas que deixariam meus pais orgulhosos. Sempre fui pelas beiradas. Para confessar, sem rodeios, eu estudava pouco, não era muito simpatizante da prática de me fechar num quarto e devorar livros e lições.

Confesso que li menos do que gostaria, diferentemente de meus filhos, Paulo Cesar e Gustavo, que gostam imensamente de ler. Papai tinha uma biblioteca em casa, sempre comprava coleções e acho que isso me salvou. Mergulhar em toda a obra de Monteiro Lobato, passear pelas tramas de um Eça de Queiroz! No geral, o aprendizado foi tão bom que me possibilitou, anos à frente, passar no concurso do Colégio Estadual Central, de Belo Horizonte, que era mais difícil do que muito vestibular que existiu por aí. Entre os meus colegas, o jornalista Lucas Mendes, o saudoso Edson Dutra (que foi meu dentista e depois um dos grandes amigos do ex-ministro e ex-prefeito Patrus Ananias), o ex-presidente do Minas Tênis Clube, Kouros Monadjemi, os gêmeos Carlos Roberto e José Roberto Vasconcelos Novais (Tim e Dedé), para lembrar alguns.

Em casa, a gente fazia as tarefas, mas havia sempre aquela vontade muito própria dos meninos: de se meter num calção e ganhar o rumo da rua. E viver exatamente diante da Praça de Esportes era o máximo da tentação e da delícia. Eu não era diferente de nenhuma criança e adorava brincar, nadar. Ensaiei bola, mas nunca foi meu forte. Até jogava um pouco de basquete. Namorei o tênis, também lá. Acabei na natação, que me acompanhou até os 13, 14 anos. Cheguei a competir. Formamos uma equipe e fomos para Belo Horizonte. Alguns vão achar que é lenda, mas bati o recorde mineiro no estilo crawl, ali por volta de 1958, 1959, no Minas Tênis Clube, o único que possuía uma piscina olímpica naquela época.

Meu técnico, o Sabu, era uma pessoa muito popular, apesar de enérgica. E carregava a meninada para competir em vários lugares e cidades como Diamantina, Curvelo. A prova em que obtive a melhor marca foi individual. Um braço a braço que parecia uma eternidade. Ainda guardo a medalha comigo. E olha que éramos amadores, treinando algo em torno de uma hora por dia. Foi um tempo de dedicação, conquistas, mas nem mesmo sei dizer exatamente por que deixei o esporte.

Eu queria era sonhar

Talvez a exigência de um regime de disciplina tenha me afastado da natação, num momento da vida em que, descobrindo o mundo, o que a gente menos quer é encarar protocolos. E nesse assunto de instigar, fazer sonhar, a Praça de Esportes tinha uma magia que era só dela. Havia por lá uma missa dançante, aos domingos, das 10 ao meio-dia. Íamos para dançar e, dançando, engomar a cueca – para usar uma expressão daqueles anos. Rodopiando sempre junto, às vezes rosto colado. Corpo grudado. Na época não tinha essa coisa de dançar separado. Tudo acontecia na sede social, não na Igreja – imaginem! –, e de missa só tinha o nome.

Nessa fase de descobertas, um acontecimento que me marcou ocorreu numa tarde na casa do saudoso Jair de Oliveira, responsável pelo jornal *Gazeta do Norte*, que circulava duas vezes por semana. Não, ainda nada de jornalismo na minha vida, porque era muito cedo. O que não sai da memória foi o que aprontamos, eu e Zé Carlos, meu colega de primário e ginásio, filho dele. Eles viviam num sobrado até hoje de pé, um dos símbolos de Montes Claros. Fui lá nesse dia para estudar e, se houvesse tempo, jogaria um pingue-pongue. Devia ter meus 14 anos. O detalhe é que Jair tinha uma senhora coleção de cachaças e, santo Deus!, havia deixado a chave da adega em casa. Giramos, abrimos a maçaneta, vimos uma garrafinha da marca Tamandaré do Recife, caras endemoniadas. Falamos quase que juntos: "Vamos experimentar isso aí?", num tom de sugestiva interrogação. Foi o primeiro porre que tomei. Passei uma temporada longa, muito longa, sem poder ver cachaça na minha frente.

O estilo rígido acabava sendo uma espécie de desafio para os padrões daquela década de 1950. Parecia que tudo era medido, cronometrado, pesado. Os pais severos, as meninas fechadas num comportamento que lembrava conchas hibernando. Às vezes, o jeito era se deixar fascinar pelas professorinhas e viajar nas miragens, porque dessa forma tudo era possível. Eu me recordo de um episódio, na hora dançante, em mês de férias. Era julho. Namoro, nos anos 1950, se limitava a ficar perto. E só. Nessa festa, vi uma moça muito bonita, de BH. Então, pedi a uma menina de lá que perguntasse se ela queria me namorar.

Foi assim, do nada. Fiquei de longe observando, cruzando os dedos. Minha colega voltou com a resposta: "Definitivamente, não". Mas por quê??? O recado foi direto: eu era o sujeito mais feio que estava no recinto. Passados tantos anos, vejo que foi uma das coisas boas que me aconteceram, porque me deu um choque. Me marcou muito, mas o tempo me ensinou. Na época, foi uma ducha de água fria. Me fez ter até um certo complexo. Levei um tempo para conseguir me livrar disso. Só ali pelos 20 anos cheguei a uma conclusão: podia ser feio, mas era charmoso e uma coisa substituía a outra. Pronto. Consegui superar isso sozinho, nunca tive ajuda de psicólogo ou de ninguém.

O detalhe é que, apesar desse bloqueio, continuei achando as festinhas o que havia de mais marcante. E foi numa dessas que experimentei a primeira paixão. E platônica! A menina se chamava Amanda. Era morena, tinha os cabelos longos. Me lembro que o pai era um nordestino, chefe do Departamento Nacional de Obras Contra as Secas, o DNOCS, em Montes Claros. Acho que nesse tempo eu já estava chegando perto dos 16 anos. E não rolou nada, até porque, naqueles dias, o máximo que se conseguia era segurar a mão. Antes de casar, nada. Nunca mais a vi.

Os politicamente corretos que me perdoem, mas a saída para todo homem era uma só: puteiro. Em Montes Claros não era diferente. Alguns de meus colegas iam à zona de vez em quando. Eu me preparava, pensava numa estratégia, porque meu pai era uma pessoa muito rigorosa. Parecia um contraste, porque eu gostava cada vez mais das coisas boas da vida, mas o papai impunha horários duros para chegar em casa: 19 ou 20 horas, depois não podia sair mais. Um dia, de 13 para 14 anos, bolei uma fuga...

Ainda morávamos no mesmo sobrado da Praça Oswaldo Cruz. Perto tinha uma casa noturna, a famosa Casa da Anália, com conjunto embalando e a tentação lá dentro: mulheres. Embaixo do nosso apartamento havia um posto de gasolina e uma marquise que, numa trama qualquer, poderia virar um atalho para uma escapada. Foi o que fiz. Os ônibus da linha BH/Montes Claros eram lavados lá, para tirar a poeira de uma parte da estrada que era de terra, se não me engano de Curvelo a Montes Claros. Aí, planejei tudo. Esperei meus pais dormirem. A janela do meu quarto ficava em cima da marquise e dali se alcançava a escada da jardineira. Escalei e fui para a zona boêmia. Foi a minha estreia. Não me perguntem o nome da moça nem como ela era. Sei que tinha música, um ambiente à meia-luz tomado pelo cigarro. E um monte de gente pelos cantos, se entreolhando com desconfiança. Eu estava apavorado. Hoje dou gargalhadas ao relembrar.

Porém, o mais surpreendente estava por vir e faria minha façanha durar poucos dias, pois um amigo de papai me dedurou. Numa das noites, papai acordou e, apesar de eu ter arrumado a cama para disfarçar, ele desconfiou, conferiu, e nada de Paulo no quarto. Bingo! Não pensou duas vezes. Fechou a janela. Quando eu cheguei, o rondante do posto logo me contou o tamanho da encrenca. Dormi dentro do ônibus, num misto de angústia, felicidade e alívio. No dia seguinte, foi uma bronca daquelas.

A verdade é que eu estava, mesmo, encantado com o horizonte da adolescência. Os sonhos acalentados pelas canções. Para minha felicidade, fui seduzido pela voz aveludada de um Nat King Cole. Magnífico. Anos depois, cheguei a ver um show dele, no Copacabana Palace, no Rio de Janeiro. Sujeito alinhado, usava um chapeuzinho. E tinha interpretações tão bonitas, que eu amava todo o repertório. Em 2010, vi a filha dele, Natalie Cole, no Palácio das Artes. Uma voz excepcional.

E, se era para me deslumbrar, já fechando meu arco de adolescente, aí quem mandava era a italiana Gigliola Cinquetti, que em 2011 completou 63 anos, me contou o mineiro-italiano Nino Vassali, casado há muitos anos com a mineira Ana Maria Anastasia, moradores de Milão. Ela cantava e eu ficava enlouquecido com "Non ho l'etat". "Dio, come ti amo" é coisa célebre, emblemática, de fazer flutuar. Paro por aqui ou vou sair do chão.

Se o mundo dá voltas, voltei

Quem deixou Belo Horizonte aos oito meses, num distante 1946, fez algumas visitas em férias, e voltou para a capital mineira no início dos anos 1960, haveria de ficar espantado. Foi um choque tão grande quanto ver, em outro momento, um prédio no lugar da casa em que tínhamos vivido em BH, que era do meu avô. Ficava na Rua Tomé de Souza, 820, na Savassi. Depois, morei na Rua Goitacazes, 52, no Centro, com minha tia Ia, irmã de mamãe. No mesmo endereço, meus pais vieram a morar em 1964. Neste prédio eu também vivi quando me casei pela primeira vez, em 1974. O fato é que, a despeito da autofagia urbanística, estando na flor da juventude, como era o meu caso, eu haveria de ser engolido pelos feitiços da cidade. Vim e mergulhei de cabeça. Como gostei!

O propósito era fazer o científico no Colégio Estadual Central, projetado por Oscar Niemeyer na gestão do então governador Juscelino Kubitschek. Provas dificílimas. Muita gente comparava a exame de vestibular. E posso dizer que a base adquirida no primário e no ginásio, cursados no Marista em Montes Claros, me garantiu. Foi um período de muito orgulho para mim e para minha família. Era como se eu estivesse na universidade. Pena ter durado pouco.

No fundo, acabei me enamorando pela noite da cidade. Fazia poucos anos que fora construído o Edifício Arcangelo Maletta, um imenso complexo de apartamentos, escritórios e lojas localizado na esquina da Avenida Augusto de Lima com a Rua da Bahia. Por uma peça do destino, ocupou o lugar do Grande Hotel de Belo Horizonte, um edifício histórico do início do século XX. Ah, e como os hotéis fizeram parte de minha vida... Mas esse é assunto que abordarei mais para a frente. Bom, o Maletta, erguido pelo construtor Alair Couto, ícone da sociedade mineira com sua mulher, Zilda... Vocês tinham de estar lá para acreditar. Coisa bacana, inspiradora, cantinho da melhor qualidade.

Fui me enveredando boemia adentro. A noite é bicho manhoso, traiçoeiro. Frequentávamos o Lucas, um restaurante que era reduto da intelectualidade, dos jornalistas, de estudantes, da gente do teatro... Havia também os inferninhos, especialmente um chamado Alex, desses que não se encontravam em outros lugares da cidade. Lá conheci o Hermógenes Ladeira, que mais tarde fundaria a Companhia de Cervejas Alterosa, seria presidente da Embratur nos anos 1980, diretor nacional da Antarctica, entre tantas atividades. Amigo até hoje. Uma amizade de 50 anos. Trabalharíamos juntos.

Amizades, a doce ilusão de que àquela altura poderíamos mudar o mundo, umas canas na cabeça e, claro, as mulheres... Uma moça por lá foi marco na vida de muita gente. Uma morena maravilhosa, bonita, gostosa. Neuza. Infelizmente, só a admirei. Morreu num acidente de carro, numa daquelas madrugadas em que havia deixado o Edifício Maletta. A verdade é que a boemia, naquela época, era muito mais para bater papo, beber e, eventualmente, paquerar. Eu entrava às 22h30 e saía às 2, 3, 4 horas. Dependia do ritmo. Bebia o que surgia pela frente, mas, tradicionalmente, uísque com gelo, coquetéis.

A noitada era muita boa. Nessa toada, fui me distanciando dos estudos e, quando me dei conta, já tinha parado. O sonho do Colégio Estadual me escapava por entre os dedos. Não foi consequência de uma decisão, ou chutar o balde da noite para o dia, ou rasgar cadernos. Fui parando. Não tinha nota. Não tinha frequência. Estava fazendo o terceiro ano científico e, no primeiro semestre, fui largando. Fiquei assim por uns seis meses, até papai receber a notícia, já beirando dois anos de Estadual. Ele deu a ordem: voltar para Montes Claros.

E começa aqui o curiosíssimo caso de um relógio. Algo que talvez os psicólogos expliquem, mesmo que eu não acredite. Quando segui para estudar em Belo Horizonte, papai me deu um Omega Ferradura de Ouro. Na época, valiosíssimo. Tinha sido do meu avô. Recebi como um prêmio, exatamente por ter sido aprovado para o Estadual. Já estudando, quando entrei por madrugadas adentro, o dinheiro da mesada faltou. Torrei esse relógio! Deu para completar os gastos por alguns meses. Papai descobriu, tive que confessar o crime. Levei uma bronca, mas que bronca!

Isso sintetiza minha antiga fixação por relógios. O tempo passou e comecei a comprar modelos de pulso. Fui comprando e, até há alguns anos, ainda tinha essa mania. Devo ter em casa uns 20 relógios, mas já passou. E o mais intrigante é que, com o primeiro relógio, veio uma alergia no braço. Um dermatologista, o saudoso professor Oswaldo Costa, que foi amigo de papai, decretou: "Você não pode usar modelos que não sejam de ouro ou prata". Vá entender esses mistérios...

Dos tempos de calção aos sonhos maduros

por Roberto Luiz Silva Lopes de Oliveira

A gente passa dos 20 e começa a esquecer muita coisa. As recordações de infância, por exemplo, vão se apagando com o tempo. Mas me recordo da Praça de Esportes em frente à casa onde morávamos em Montes Claros. O calçamento era de paralelepípedo. Havia fícus em volta da praça. Um lugar muito gostoso. Passávamos o dia de calção. Só vestíamos a roupa para ir ao grupo e para dormir. Praticávamos esportes quase o dia todo. Pelada, natação.

Como o Paulo, fui um bom nadador. José Eymard também. Esse foi o nosso forte. Já em casa, tínhamos uma mesa de pingue-pongue. Era uma festa, porque minha mãe tratava a todos muito bem. Nos reuníamos com os amigos. Bolo, suco... Mas sem esquecer as regras. Lá em casa não teve nenhum travesso. Meu pai impunha respeito. Ele olhava e você já sabia o que ele queria. Minha mãe, mais dócil, também bastava olhar para sabermos. Então, travessura entre os irmãos praticamente não existia.

Havia aquela coisa saudável de menino. Na Praça de Esportes, tínhamos a famosa "boate", que funcionava nas manhãs de domingo, com as danças. E, para a piscina, eram instituídos os horários feminino e misto. Quando as mulheres iam nadar, de maiô, subíamos na varanda lá de casa para ver. Era a parte mais divertida do dia. Tínhamos o privilégio de ficar lá.

Mas, como a vida não era só diversão, estudávamos no Colégio São José. Íamos nós três com uma merendeira. Mamãe preparava a merenda coletiva e a colocava dentro de uma lata. Pão com carne, pão com ovo, laranjada, biscoitinho feito em casa. A tampa, por coincidência, tinha três gatinhos. A turma brincava. Nos chamavam de os três gatinhos. A disputa era para decidir quem levava a merendeira. A gente fazia um revezamento.

Além da escola, além de casa, havia a música. Fomos criados praticamente dentro de um conservatório. Numa cidade do interior a música é bastante viva. Minha tia Marina, minha tia-mãe, professora, pianista, é nossa referência na música. E, em casa, meu pai. Ele gostava tanto de música que levava o radinho de pilha até para o banho. Em nossa radiola tocava muito da música popular brasileira. Naquela época, era a música criativa brasileira, mais sadia. Na infância, íamos ao Clube Montes Claros, nos bailes infantis do Carnaval. Usávamos o lança-perfume para fazer desenhos no chão.

Brincadeira daqui, brincadeira dali, o curioso é que, em casa, nos tratávamos pelo nome composto. Era a mesma forma que meu pai adotava. Para chamar um ao outro, sempre usávamos os dois nomes: Paulo Cesar, Tereza Cristina, Luiz Felipe, Roberto Luiz, José Eymard, Maria Celina.

Olhando para trás, pensando no Paulo adolescente, eu não teria a capacidade de projetar o que ele seria hoje. Ele veio para Belo Horizonte antes que nós nos mudássemos para cá. Quando chegamos, logo saiu para morar fora. Estava volta e meia lá em casa. Mas acompanhávamos as notícias pelo próprio jornal para o qual escrevia.

Ao pensar na sua figura, digo que há duas pessoas, o Paulo e o PCO. Para mim, há a figura mais pessoal. O PCO é o profissional, o homem público. Paulo sempre foi introvertido. Mesmo quando já estava escrevendo em jornal. Apesar dessa característica, Paulo Cesar é um cara do coração superaberto. Acho que isso muitas pessoas não sabem, talvez pelo contato com o homem público, o PCO.

É uma pessoa que está presente na família, na doença da minha mãe, com os irmãos que faleceram. E segue presente conosco.

Nos falamos por telefone, nem que seja para dizer um "oi, tá bom?". Volta e meia, almoçamos, vou à casa dele. Não é um contato diário, mas, quando um olha para a cara do outro, já entende o que está pensando. Acho que a timidez, tanto a dele quanto a minha, talvez nos desencoraje a olhar mais para o passado. Eu não tinha parado para analisar a introversão, acho que é de família. Meu pai era muito calado.

A despeito de a vida de cada um seguir seu curso, Paulo e eu éramos muito próximos. O Natal era sempre em casa, papai, mamãe, os irmãos. E a relação com nossos pais era sempre de muito respeito. Com mamãe, de mais carinho. Já com o Paulo casado, passamos muitos Natais na casa dele. Alguns na casa do Luiz Felipe, que fazia aniversário na época. Na infância, o Natal, para nós, era mais lúdico. Ganhar presente, ganhar presente, ganhar presente... Eu ganhava muito carrinho, o Paulo também.

Por falar em carrinho, aprendi a dirigir aos 10, 11 anos... O motorista que ensinava minha irmã Maria Tereza iria ensinar o Paulo Cesar. Não sei por que ele não foi. Mas o fato é que eu aprendi a dirigir antes que ele, num Ford 1948, importado.

Voltando à família, a Tetê, a primogênita, casou e leva uma vida mais caseira em Belo Horizonte. Eu, que fui executivo, hoje sou microempresário. O José Eymard, músico. Lutava com muita dificuldade.

Nossa irmã Maria Celina faleceu cedo, menos de 40. Luiz Felipe, o caçula, também faleceu novo, sofreu mais do que os outros por causa da diabetes.

Essas perdas me causaram impacto. O primeiro, o mais forte, foi com a perda da Maria Celina. Logo marquei um check-up, que apontou alteração cardíaca, e o médico pediu para fazer um exame mais complexo. Ele mencionou os problemas de saúde da família.

Aquilo me levou lá embaixo, mas também me fortaleceu. Aí, você começa a pensar na morte como uma coisa natural, uma afirmação da vida. Eu e o Paulo Cesar nunca conversamos sobre isso, mas acho que ele sofreu muito. Estava sempre muito presente, muito preocupado, falava com meu irmão de Brasília com muita frequência.

Mas essa relação com a perda é pessoal e subjetiva. Prefiro falar de outras questões. Lembrar o Paulo Cesar apreciador de uma boa culinária, uma boa viagem. O Paulo muito batalhador, trabalhador, ambicioso no bom sentido. Esse é o sentimento que marca.

Roberto Luiz Silva Lopes de Oliveira *é mineiro de Belo Horizonte, onde nasceu em 1948. Capricorniano. Formado em administração de empresas, atuou como executivo e, desde 2000, é microempresário. Proprietário da loja CD Plus, especializada "em música de qualidade".*

O jornalismo me chamou

A *Gazeta do Norte* era um semanário de Montes Claros, se é que se podia chamar assim um jornal que saía duas vezes por semana, às terças e aos sábados. Era um negócio doméstico, feito por quatro, cinco pessoas. Na base do tipo, montado letra por letra na madeirinha, feito com pinça. De vez em quando, empastelava, caía. Tinham que fazer tudo novamente. Quando voltei para o norte de Minas, o Felisberto Oliveira, um amigo que já morreu, havia assumido a administração no lugar do pai, Jair de Oliveira, que falecera. Fui uma, duas, três vezes...

Ele apertado, sentei lá um dia. Escrevi algumas coisas à mão. Falei: quer botar isso aí? Eram notas sobre a sociedade. Ele gostou. Chamava-se "Miscelânea". Sugeri o nome. Fiquei com a coluna por um tempinho. Acho que esse sonho do jornalismo tomou conta de mim ali pelos 15, 16 anos. Passei a sonhar mesmo, desde o começo, em ser colunista, talvez mirando um Ibrahim Sued, que havia revolucionado o colunismo social no Rio de Janeiro, no começo dos anos 1950.

Então, decidi que jornal era do que eu gostava. Só que, sem um contrato formal, sem salário, passei a exercer papel duplo, trabalhando como escriturário numa empresa chamada Macife, de material de construção, dos Magalhães Pinto. Num, suava. Noutro, me divertia. Essa identificação foi se aprofundando e passei a ser uma espécie de braço direito do Laércio Pimenta, o Lazinho, colunista já reconhecido por lá, ajudando-o a escrever uma coluna. Desde menino eu tinha uma excelente relação na sociedade em Montes Claros, participava de hora dançante, festinha e tal. Já o Lazinho era um precursor, dono de um estilo um pouco provinciano, no melhor dos sentidos.

Como todo mundo influenciava todo mundo, ficávamos de olho no que se passava em Belo Horizonte. Naquela época, o colunista Eduardo Couri, do *Estado de Minas*, fazia o Showçaite, uma festa de variedades que acontecia sempre em junho, no refinado Automóvel Clube, com pessoas da sociedade cantando, dançando, recitando. Juntei-me ao Theodomiro Paulino, colega colunista, meu amigo até hoje, e resolvemos fazer algo parecido no Clube Montes Claros. Foi tão bom, tão diferente, que na saída, lá pelas 3, 4 horas da madrugada, a turma nos carregou. Foi a única vez na vida que fui carregado nos braços do povo.

Ah, minha sonhada BH

Ter a oportunidade de, aos 17 anos, entrar para o mundo do jornalismo, do colunismo social em Montes Claros, me dava um orgulho, um prazer imenso, mas o que eu queria mesmo era voltar para BH. A cidade simplesmente não saía da minha cabeça. Acabei retornando em 1963. Gostava daqui, nasci aqui, vinha passar férias, meus avós e parentes moravam aqui. E acho que os sonhos maiores também. Fui em busca deles.

Nessa época, fiquei amigo do colunista Marcos Souza Lima, que atuava no semanário *Jornal da Cidade*, do saudosíssimo Jofre Alves Pereira, cuja amizade foi passada para seu filho Humberto, que hoje comanda o jornal ao lado do filho Humbertinho. Nos conhecemos num evento na noite. O Marcos era mais novo do que eu. Gostou de mim, eu gostei dele, me estendeu a mão, me deu força, abriu muitas portas em Belo Horizonte. Passei a ajudá-lo a fazer a coluna no *Jornal da Cidade*. Aprendi datilografia, meus amigos! Ah, as velhas pretinhas...

Marquinhos era rico. O pai, Luiz Gonzaga Souza Lima, seria prefeito da capital poucos anos depois. De uma família tradicional, tinha um coração imenso. Mas como era na base do amadorismo, no paralelo, eu ganhava só uns trocados. Salário pequeno, mas real, vinha do meu trabalho como *office-boy* no Departamento de Compras do Estado. O diretor, Délcio Alves Martins, amigo do meu tio Márcio Lopes de Oliveira, carinhosamente conhecido como Márcio Bode, foi quem me deu a chance do trabalho. De lá me lembro da secretária do Délcio, a Laís, uma morena que deixava todo mundo enlouquecido.

Eu segui ao lado do Marcos até surgir uma novidade. Ele me disse que Altino Machado – que nunca mais vi – iria lançar uma revista no Jockey Clube, que teria uma coluna com abordagem mais social. O que eu entendia sobre cavalos? Nada. Mas assumi a tal coluna na *Minas Turf*. O nome era "Sociedade no Turf". Circulava no jóquei, que tinha grande movimento naquela época. Por lá eu ficava conversando, vendo as mulheres bonitas, transitando pelas tribunas, apurando uma informação aqui, outra ali. Cavalo, eu nem olhava...

Redação é outro mundo

Circulando de um lado para o outro, conheci o Morgan Motta, que me apresentou ao Fábio Doyle, editor do *Diário da Tarde*, o *DT*. O ano era 1965. Aí, sim, fui de fato parar numa redação. Com cheiro, barulho, movimento, efervescência. Maravilhoso. Começava ali uma trajetória que me levaria aos principais jornais de Belo Horizonte nos 40 anos seguintes. Na época, o *DT* circulava havia três décadas e meia. Era forte, influente e, anos depois, em 2007, infelizmente seria extinto. O Fábio me convidou para fazer uma coluna sobre clubes sociais.

Comecei mostrando o que acontecia: hora dançante, jantar dançante do PIC, Iate, Automóvel Clube (o máximo da época), Jaraguá, Sociedade Hípica (que marcou época com o presidente Adalberto Alvim Braga), Sociedade Mineira de Engenheiros (o diretor-social, Clóvis dos Santos Pereira, que nos municiava com os convites, anos depois mudou-se para o Rio e desapareceu). A coisa foi andando. No período de um ano, a coluna começava a criar um corpinho. Eu ia à maioria das festas. Usava terno, *smoking*, esporte, o que fosse exigido. E precisava realmente estar nos lugares, não só para me apresentar, mas porque telefone era artigo raro e não havia forma melhor de apurar que o olho no olho.

A princípio falando sobre pessoas, passei a inserir textos sobre política. Parece que não agradei às altas esferas no Diários Associados, o grupo responsável pelo *DT*. Quiseram mudar a coluna, propondo que eu me concentrasse em clubes da periferia. Aí, não concordei e saí.

Fui aprendendo que, como ninguém nasce *expert* em nada, o melhor a fazer é seguir de peito aberto, sem medo de assumir que é preterível saber administrar a dúvida a morrer com ela. Se eu, sem nada entender de cavalos, já havia atuado numa revista do jóquei, o que dizer dos automóveis? E veja que, em se tratando de carros, eu tinha um histórico particular. Meu pai, que em 1946 rumou para abrir o Banco de Minas Gerais em Montes Claros, saiu da instituição e montou uma concessionária Ford, em companhia de meu tio Joaquim Alves da Silva, o Quinzinho, irmão de mamãe, casado com Marina, filha do maestro Lorenzo Fernandes.

Foram duas figuras que me marcaram. Marina, além de tia, é minha amiga até hoje. Moravam no mesmo sobrado que nós, num segundo apartamento. Ela dava aulas de piano e, posteriormente, fundou o Conservatório Lorenzo Fernandes, em homenagem ao pai. Existe até hoje e tornou-se referência em Minas, tendo em 2011 inaugurado o busto de Tia Marina e feito 50 anos.

Mas voltando a falar sobre carro... Automóveis nunca foram para mim algo que fascinasse, nem quando criança. Eu entrava e olhava, sem que aquele típico odor de automóvel novo, ou sem que o painel e o motor despertassem desejos que me faziam sonhar. Pior, aprendendo a dirigir, menor de idade, na única vez em que peguei o volante, quase atropelei um menino. Só fui tirar minha carteira bem, mas bem, mais tarde. O curioso é que, como o mundo dá voltas (frase antiga essa, hein!), me surge o convite para trabalhar com uma coluna dedicada ao automobilismo. E eu sem saber dirigir!

Foi uma ousadia do Hermógenes Ladeira, então diretor da edição mineira do jornal *Última Hora*. Como repórter não pode se dar ao luxo de perder notícia, para fazer os testes de direção nos veículos em São Paulo, convidado pelas montadoras, eu levava um acompanhante habilitado e seguia no banco do carona.

Na redação do bravo e saudoso *Diário da Tarde*

por Fábio Doyle

Conheço o Paulo Cesar de Oliveira há algumas décadas. Mais de quatro, para ser preciso. Éramos jovens, ele bem mais do que eu. Lembro-me dele no final dos anos 1960 entrando na redação do bravo e saudoso Diário da Tarde, na Rua Goiás, de tantas lembranças felizes, para assumir uma coluna social. A direção da empresa me recomendou que fosse o Paulo, que ainda não era PCO, lotado na nossa redação para escrever uma coluna social que não concorresse com a coluna já existente. Ou seja, uma coluna sobre clubes de bairros, excluídos da relação os clubes maiores, como o Automóvel Clube, o PIC, o Iate, o Minas.

Combinei com ele o trabalho que deveria fazer. Percebi que não seria bem isso o que ele tinha planejado, mas aceitou. E começou logo no dia seguinte a trabalhar. Tinha jeito para a coisa. Disse-me, na época, que aos 16 anos já escrevia para um jornal de Montes Claros, a Gazeta do Norte. Tinha vocação para jornalismo. Melhor dizendo, para o colunismo.

Sua coluna começou a ser publicada, se não me engano, em 1968. O texto era bom, os secretários de redação encarregados da leitura não reclamavam. E logo ganhou repercussão. Passamos a receber correspondências (é bom lembrar que não havia, ainda, a internet, o e-mail...) com pedidos de publicação de notas na coluna. Lembro-me de um clube sempre presente, o Fluminense, que não sei se ainda existe.

Mas Paulo Cesar queria ir mais longe. E incluía na coluna notas dos clubes frequentados pelo society *e os nomes de* socialites*. A direção me chamou, pedindo que a recomendação inicial fosse seguida por ele. Fiz o alerta. Mas Paulo tentava passar por cima dos limites impostos com notas pequenas com os nomes e os clubes proibidos.*

Um dia, a direção me fez a advertência final: que eu dissesse ao Paulo Cesar que da próxima vez ele seria demitido. Constrangido, cumpri a minha missão. Eu o chamei a minha mesa de editor-geral e, usando toda a minha habilidade para não o magoar, pois era já seu amigo, transmiti o recado. Sua reação foi tranquila, aliás, como é de sua índole. Discreto, educado, nunca erguendo o tom de voz. "Diga à direção que não precisa me demitir. Estou me demitindo."

Devo ter feito ar de espanto. Ele me tranquilizou, dizendo que entendia minha posição e que continuaríamos amigos. E que não levava mágoas. Apenas desejava seguir o seu caminho, que não era aquele. Dias depois, vi seu nome como colunista social de um jornal concorrente do nosso.

Mas sua carreira nos Diários Associados não terminou naquele dia. Passados alguns anos, recebo nova recomendação superior, a de acolher o mesmo PCO, como ficou conhecido, nas nossas páginas, como colunista social com total liberdade de cobrir os acontecimentos de sua área. E mais: além de retornar ao Diário da Tarde, *assumiu um caderno, o Fim de Semana, no nosso órgão líder, o* Estado de Minas.

Ficou no grupo Associados até 1999 ou 2000, não posso precisar. Sua marca principal é a obstinação. É decidido e firme em suas convicções, leal com seus amigos. Trabalhador incansável, sabe o que quer e parte para a luta, como um guerreiro vitorioso.

Fábio Doyle *é mineiro de Belo Horizonte. É bacharel e doutor em Direito, pela Universidade Federal de Minas Gerais. Foi procurador da prefeitura de Belo Horizonte, onde se aposentou como consultor jurídico. Desde os tempos da faculdade foi jornalista,* *primeiro como repórter forense, depois como redator e colunista político do jornal* Estado de Minas. *No* Diário da Tarde, *foi redator-chefe e editor geral. Integra o Conselho Editorial do* Estado de Minas. *Membro da Academia Mineira de Letras desde 1999, tem dois livros publicados,* Um país em paz embora em guerra e A cadeira de um conjurado.

O começo é sempre uma escola

Na época em que eu comecei no *Diário da Tarde* já havia os chamados papas do colunismo social. Wilson Frade, Eduardo Couri, Zé Maurício. Eu iniciante, chegando, rompendo, não conhecia ninguém e ninguém me conhecia. Naturalmente, não era tão convidado, mesmo tendo uma coluna assinada. Fosse hoje, teria lá a minha fotinha e talvez tudo se resolvesse de um jeito mais fácil. Então, a missão fundamental era romper as barreiras. Quando pareceu que ia dar certo, a coluna Clubes engrenando no *DT*, cortaram meu barato.

Não pensem em maus trocadilhos, mas a sensação era aquela do mito de Sísifo, condenado pelos deuses gregos a empurrar uma pedra morro acima, soltá-la, reerguê-la, soltá-la de novo, reconduzi-la ao topo... Como veem, não desisti. Passei pela fase dos automóveis no *Última Hora* e, por meio do Oseias Carvalho – grande jornalista, irmão do Antonio Telles, que seria um dos dirigentes da TV Bandeirantes em Minas e hoje no Brasil, e de Fernando Telles, que trabalhou comigo durante 12 anos no caderno Fim de Semana do *Estado de Minas* –, fui parar num jornal esportivo. Uma vez jornalista, sempre jornalista. Era um semanário chamado *Estádio*, de outra figura relevante do jornalismo, o Benedito Adami de Carvalho. Fiquei lá por um ano assinando a coluna.

O mesmo Oseias seria fundamental para outro passo em minha carreira. Desta vez em direção a *O Diário*, chamado carinhosamente de *O Diário Católico* – pois pertencia à Igreja Católica –, cujo diretor de redação era o Manoel Hygino e tinha como presidente o

Wilson Chaves, que ficou meu amigo. Se querem saber se era lenda a história de sermos obrigados a acompanhar as missas de sábado à noite numa capela improvisada na redação, celebradas pelo arcebispo, confirmo que realmente era boato. A coluna em *O Diário*, mesmo não se tratando de um jornal de ponta, tinha certo prestígio. Foi batizada de "Sociedade".

Ali eu avalio que comecei a criar um nome, fui rompendo o cerco. E jamais perdia de vista os modelos que tinham ajudado a transformar a maneira de tratar o colunismo. Nisso o Ibrahim Sued ainda era imbatível. Deu certo no Rio, por que não daria aqui? Passei também a elaborar, uma vez por ano, as listas de mulheres e homens elegantes. Foi um sucesso. Fiquei por lá de 1967 a 1970.

Houve uma sacudida no mercado, porque o Januário Carneiro – dono da Rádio Itatiaia, uma potência que entra em todas as casas em Minas, e hoje é presidida por Emanuel Carneiro – comprou o jornal *Diário de Minas* e a TV Vila Rica, retransmissora da Bandeirantes. Ele criou a Força Nova da Comunicação e, para minha surpresa e orgulho, me queria como colunista do *Diário de Minas*. Fui. O diretor de redação era o Rodrigo Mineiro, que depois faria escola nas Organizações Globo.

Acho que foi ali no *DM* que comecei a de fato consolidar minha assinatura no colunismo. Era um jornal com mais penetração, mais tiragem e representatividade que *O Diário*. No *DM*, a coluna, que levava meu nome, foi migrando da abordagem estritamente social para uma mais eclética, com notas econômicas e políticas. Trabalhávamos num prédio na Praça Raul Soares, ainda nos tempos de fonte luminosa, ali nos limites de Lourdes e do Barro Preto. Lá iniciei uma promoção, a Destaques do Ano, que foi um acontecimento.

Ocorreu durante dois anos, lotando o Museu de Arte da Pampulha. Na época era prefeito de Belo Horizonte o saudoso Oswaldo Pierucetti, que prestigiava as minhas promoções e foi padrinho do meu primeiro casamento. Comissões elegiam as personalidades que mais haviam se destacado em vários campos, da economia às artes e ao esporte. É uma iniciativa vista como referência e que viraria modelo para promoções hoje consagradas. Como o cenário de calmaria é aparentemente ilusório, eis que, nesse meio-tempo, o *DM* foi vendido ao Grupo Vitória-Minas, empresa de crédito imobiliário. Eu vivia uma boa situação, mas o jornal estava balançado. Era hora de mudar de novo.

O colunismo, ah, o colunismo morreu

Antes de seguir em frente, pausa para um respiro e uma reflexão. Se o título acima provoca algum desconforto, eu o reforço: a forma clássica do colunismo social morreu. No Rio de Janeiro havia uma remanescente, a Hildegard Angel, que, com o fechamento do *Jornal do Brasil*, o *JB*, veiculado só na internet, deixa de constar. Nos jornalões nacionais, *Folha*, *Estadão*, *O Globo* – onde estão a Mônica Bergamo, a Sonia Racy e o Anselmo Goes, respectivamente –, o estilo aplicado é outro. Resta o Gilberto Amaral, meu amigo da capital federal, hoje pontificando no *Jornal de Brasília*, e o Pergentino Holanda, de *O Estado do Maranhão*, o jornal de Sarney. E anotem aí: é coisa que não volta. Em Juiz de Fora está o Cesar Romero, colunista da velha guarda (apesar de sua cara de menino), bom caráter e do bem. Kabelim, como é chamado, teve sua casa, a famosa Casamarela, como pano de fundo de uma reunião entre o então prefeito Custódio Mattos, que retornaria ao Executivo, e a diretoria da Mercedes-Benz para definirem a implantação da fábrica do Classe A, um fiasco de lançamento, cuja linha de montagem acabou dedicada a caminhões. Na época, Cesar Romero me contou do almoço em sua residência, mas só pude dar a notícia tempos depois, senão melaria o negócio.

No colunismo do Rio marcou época o jornalista Ricardo Boechat, que iniciou a carreira como assistente de Ibrahim – quando passamos a nos relacionar –, viria a assinar a própria coluna em *O Globo* e hoje é âncora da Rede Bandeirantes, além de comandar um programa na rádio Band News, líder de audiência. Depois, no *Jornal do Brasil*, a Ana Maria Ramalho fez uma ótima coluna e atualmente é blogueira.

Eu gostava mais desse estilo clássico, inclusive da época em que fui colunista. Hoje não faço mais como antes. Mantenho a coluna na revista *Viver Brasil*, mas é completamente diferente, mais focada em política e economia. O velho estilo passou, o mundo cresceu, não teria mais espaço. É uma demanda da sociedade, do mercado e não vou me agarrar ao saudosismo estático. Pelo contrário. Acho que tem de evoluir.

Isso vale tanto para a forma quanto para o conteúdo. Veja que o veneno no colunismo social é raridade. E mesmo a propalada confiança entre o colunista e a fonte está em extinção. Havia notícias que eu não dava porque poderia atrapalhar algum projeto, fosse político ou econômico. Atualmente não existe mais isso. Sobretudo porque a figura do colunista clássico deu lugar à do repórter, que migrou para as colunas.

É de se perguntar se modelos assim produziriam figuras emblemáticas como Ibrahim Sued, que marcou época até internacionalmente, ou Zózimo Barroso do Amaral, sujeito espetacular, inteligente, sagaz. Talvez este tenha tido uma coluna melhor que a do Ibrahim, mas nunca o superou. O Ibrahim tinha um estilo próprio, apesar de muita gente acreditar que ele fosse meio ignorante, analfabeto. Mas era inteligentíssimo, talentosíssimo. Consagrou neologismos, expressões. De São Paulo podemos incluir o Tavares de Miranda – pai da jornalista Ana de Miranda, que foi assessora de comunicação do ex-presidente Fernando Henrique Cardoso –, um colunista na verdadeira acepção da palavra. Em BH, colegas como o Wilson Frade, que marcou; o Eduardo Couri, bela figura, que morreu cedo. Este fazia uma coluna realmente social.

E voltando à questão do veneno, há sutilezas, maneiras inteligentes que atravessam gerações. Vejam o que fazia Jofre Alves Pereira, do *Jornal da Cidade*, no final dos anos 1950 em Belo Horizonte. As notinhas que ele classificava como pastilhas de cianureto eram um achado. Pelo que eu sabia, via e lia, a maioria era criação dele, talvez 90%. Mas incomodava, deixava as pessoas com a pulga atrás da orelha, ainda que ele não colocasse o nome de ninguém. Entre as citações, um carro, uma porta estranha, um lugar estranho, a madame...

Tantos desafios e uma lição singular

O marco no tempo é 1974. O *Diário de Minas* balançando, eu cheio de gás. Arrumei minhas gavetas e deixei a casa. Fui para o *Diário do Comércio*, convidado pelo José Costa, um jornalista e empresário com quem aprendi muito. Começou com um panfleto, transformou-o num jornal, numa empresa sólida. Fiquei lá de 1974 a 1978. Minha coluna diária se consolidava como um modelo que passava longe da purpurina e privilegiava o estilo informativo centrado em política e negócios.

A redação funcionava num meio andar de um prédio da Rua Rio de Janeiro, esquina com Caetés, no Centro de Belo Horizonte. Um de nossos colegas por lá era o futuro deputado federal e embaixador em Cuba durante o primeiro governo Lula, Tilden Santiago, uma bela figura.

O papel do seu Costa, como o chamávamos carinhosamente, foi determinante no destino que eu tomaria a partir dali. Foi ele quem alimentou o espírito empreendedor presente em mim. Para usar uma expressão tradicional, botou fogo no rastilho de pólvora. E eu gosto dos bons combates. Em 1976, quando foi lançar o *Jornal de Casa*, ele me convidou para assumir a função de gerente comercial. Nesta época, o *Diário do Comércio/Jornal de Casa* já funcionava num prédio que ele comprou na Rua Padre Rolim, mais tarde vendido para o *Hoje em Dia*.

O *Jornal de Casa* foi um enorme sucesso. Um semanário com 120 mil exemplares, distribuição gratuita, antecipando uma tendência de duas décadas à frente. Circulava em toda a cidade, com reportagens sobre comportamento, entrevistas, moda, cultura e muito serviço, como a programação semanal das TVs. No *Diário do Comércio*, a coluna diária que levava meu nome foi ganhando força dia a dia. Era um período em que eu já tinha uma circulação maior na sociedade. Literalmente, era mais convidado.

Eu defino essa passagem por lá como um aprendizado que nunca experimentara. Só para exemplificar, na época em que eu era gerente comercial, o mercado imobiliário teve um rompimento com o *Estado de Minas*, o jornal local mais tradicional, no qual o setor publicava 10 páginas diariamente. Fui procurado: "Olha, queremos fazer as 10 páginas com o *Jornal de Casa*, precisamos negociar preço e prazo".

Como era uma operação maior, conversei com o diretor Marcílio Gonçalves e ele foi rápido: "Defina com o chefão". Fui ao seu Costa, falei da proposta. Eu achava interessante. Ele foi curto e grosso: "Aceito, desde que eles paguem na tabela e antecipadamente". Retruquei: "Mas, seu Costa, ninguém cobra tabela cheia... isso é uma negativa?". "É. Questão de imóveis é com o *Estado de Minas*. A nossa é publicação de matérias legais. Como não quero que ninguém mexa aqui, não vamos mexer lá. Agora, se quiserem pagar antecipadamente e na tabela, vou ligar para o Pedro Aguinaldo (então diretor do *EM*) e dizer: não tive como recusar". Foi uma lição, de tantas outras que tive com ele.

Um profissional sempre eclético

por Milton Lucca

Eu me lembro que eu era chefe do Departamento de Imprensa do Banco Mineiro do Oeste num tempo em que não havia assessoria de imprensa. Ficava na Rua da Bahia. Isso foi em 1968. Dentro do processo de expansão do banco, nós recebemos a oferta do patrocínio do programa do Heron Domingues, na antiga TV Tupi. Era um programa informativo sobre o meio político, econômico, social, bem eclético. Veio a proposta para meu parecer. Achei interessante.

Quando o Heron esteve em Belo Horizonte para fechar as conversações, ele falou: "Olha, eu gostaria de ter um correspondente aqui, que me enviasse as notícias".

Já havia vários candidatos ao lugar. Então, o João Nascimento Pires, dono do banco, me chamou e disse o seguinte: "Temos um rapaz aí por quem tenho a maior simpatia. É pontual nos compromissos dele, pontual nos compromissos oficiais, é trabalhador e a sua coluna, no Diário Católico, é muito boa". Era o Paulo Cesar de Oliveira.

Ele foi um correspondente com muito sucesso. Repassava sempre as informações corretas e nunca recebeu um desmentido. Foi a partir daí que estreitamos nosso relacionamento de amizade. Na época, eu trabalhava no *Estado de Minas* como repórter de política e já o conhecia de eventos.

No nosso relacionamento profissional, seguimos trocando informações. Como circulava muito, me passava alguma coisa e eu também passava alguma coisa a ele.

O Paulo Cesar sempre foi muito eclético. Ele navegava em vários mares. Era um bom repórter e acabou também se tornando um bom empreendedor. Sua principal característica é ser, sobretudo, amigo dos amigos. Logo, posso dizer que conheço Paulo Cesar de Oliveira, ou Paulo Cesar, ou PCO, como queiram, de outros sóis e outras luas. Sou um admirador dele além do tempo e espaço. Acompanho e aplaudo seus passos, mesmo que a distância.

Milton Lucca *é mineiro de Ubá, onde nasceu em 1933. Trabalhou como repórter nos jornais* Folha de Minas, Diário da Tarde, Estado de Minas *e na Rádio Inconfidência. Foi diretor da sucursal dos Diários Associados em São Paulo. Na área pública, atuou como oficial de gabinete de Tancredo Neves quando primeiro-ministro (1961-1962), auxiliar de gabinete do governador de Minas, Bias Fortes (1956-1961) e chefe de Comunicação do governador Israel Pinheiro (1966-1971).*

Inhotim, uma referência

Falo em maravilhas e penso em Inhotim. Só mesmo um gênio para idealizar um museu de arte contemporânea como o Inhotim, em Brumadinho. Nascido do ideal do empreendedor Bernardo Paz, em 1988, foi inaugurado em 2007 e daí tornou-se reconhecido em todo o mundo. ConheçoBernardo Paz faz tempo, quando se casou com Suely, sua primeira mulher, filha do meu saudoso amigo João do Nascimento Pires, o banqueiro que todos chamavam de Joãozinho Mamãe, porque era fora do usual. Na época, Bernardo dirigia a Itaminas, grupo de mineração, e fizemos um almoço na casa dele com a presença do então ministro das Minas e Energia, Cesar Cals.

Bernardo – sempre com o clipe na mão, até hoje – é uma figura admirada por seu arrojo em dar a Minas o Inhotim, uma estrutura encantadora, de nível internacional, o que lhe valeu o reconhecimento da Brazil Foundation, em Nova York. Confesso que não sou nenhum fã da arte contemporânea, mas os jardins de Burle Marx e os pavilhões do lugar valem a visita.

Galeria

Elza Lopes de Oliveira e os filhos.

Os irmãos, e abaixo, Tereza Cristina e PCO, no dia da primeira comunhão.

Colégio São José

Na segunda fileira de cima para baixo, o primeiro da esquerda é Antônio Raphael, o terceiro, Flávio Pinto, ao seu lado, na quarta posição, está Paulo Cesar de Oliveira, PCO.

O diretor do Colégio São José, o prefeito Geraldo Athayde, o bispo Dom José Alves Trindade, o governador Bias Fortes, o presidente JK e PCO.

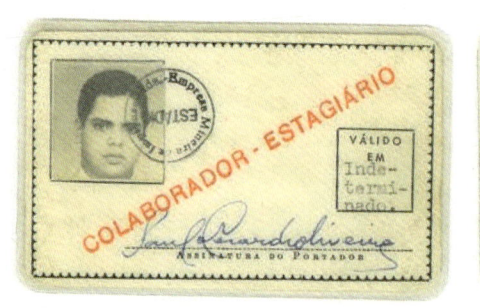

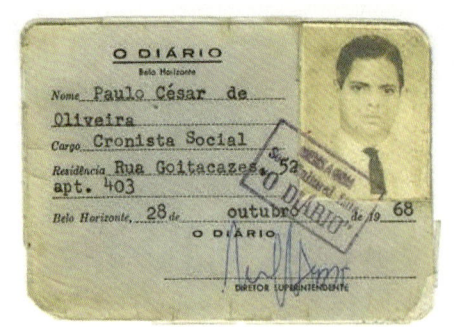

Fac-símile das carteiras de PCO dos jornais ***Estádio*** (semanário esportivo que circulou em 1968) e ***O Diário***, conhecido como ***Diário Católico***.

GCO, PCO e Elke Grunnup, a Maravilha, contemporânea de PCO no Colégio Estadual Central.

PCO e Juca Chaves.

PCO e o ex-prefeito de Belo Horizonte, Maurício Campos.

O saudoso colunista Cici Santos, a esposa Rosilene e PCO.

PCO, Renato Cardoso e a modelo Neneca Moreira.

PCO, Luiz Gustavo (o eterno Beto Rockfeller) e Karin Rodrigues.

PCO e Fernandinho Veloso.

João Veras, Raul Bernardo, Manuel Hygino, Luís Souza Lima, PCO, Abel Fagundes e Sérgio Neves.

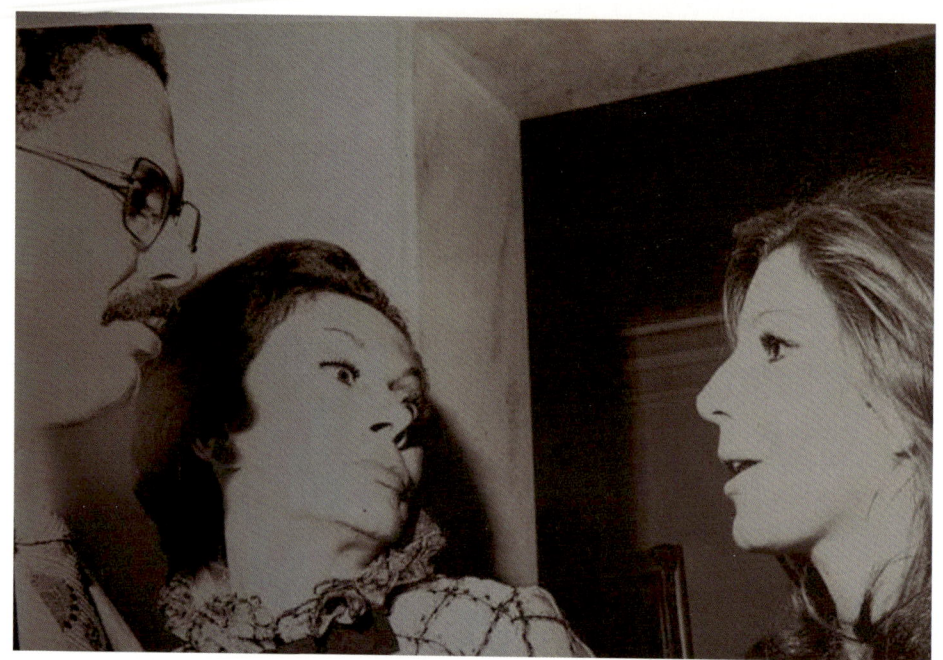

PCO, Many Catão e Irene Siebra de Brito.

Paulo Camilo, Vila Pereira, PCO, Raimundo Sabino e meu pai, Décio Lopes de Oliveira.

Lúcio Assumpção, Gilberto Faria e PCO.

Ministro das Minas e Energia, César Cals, PCO e Jorge Milton Mota.

PCO e o saudoso colunista Eduardo Couri.

O presidente da Federação das Indústrias de Minas Gerais, Olavo Machado, e PCO.

Gustavo Cesar Oliveira e Francelino Pereira.

Meus pais, Décio e Elza Lopes de Oliveira.

PCO e Jamil Habib Couri.

Aureliano Chaves e PCO.

PCO, o médico Caio Benjamim Dias e o casal Aparecida e Eduardo Borges de Andrade.

O presidente do Mater Dei, José Salvador Silva, o saudoso diretor do *Diário do Comércio*, Marcílio Gonçalves e PCO.

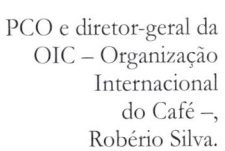

PCO e diretor-geral da OIC – Organização Internacional do Café –, Robério Silva.

O médico José Jorge Teixeira (fiel escudeiro do prefeito Oswaldo Pierucetti),
Eric Baumeyer (dirigiu por vários anos o hotel Del Rey, da Rede Horsa, o primeiro hotel de luxo de Belo Horizonte) e PCO.

PCO e José de Carvalho Jorge.

Crisálida Boerger, Many Catão, o cirurgião plástico Ruy Viana e PCO.

O jornalista e pecuarista José Carlos Valle de Lima entre
Elza Silva Lopes de Oliveira e seu filho PCO.

O pecuarista Vila Pereira, Tereza Cristina Daibert, Maria Celina Lopes de Oliveira, o governador Francelino Pereira e Elza Silva Lopes de Oliveira.

Elza, o governador Francelino Pereira, o construtor Antonio de Pádua Tavares Paes (da Sergen) e PCO quando recebeu a Medalha da Inconfidência no Palácio das Mangabeiras.

Paris uma vez, Paris para sempre

A vida de jornalista, dizem por aí num misto de desconhecimento e preconceito, é regada a viagens e mordomias. A de colunista, então, pensam logo na representação de um oásis. A verdade é que, a trabalho, por conta própria ou com meus pais, de fato rodei por vários cantos de Minas Gerais, do Brasil e do mundo. Mas tratem de creditar regalias de marajá ao campo fértil da imaginação. E saibam que também dentro das redações havia preconceito, que felizmente não perdurou, de que colunista era *bon vivant*, rico e não fazia nada.

Obviamente, há convites. Fui convidado algumas vezes para ir ao exterior por algumas companhias aéreas como a Varig e a Vasp, principalmente quando dirigida pelo Wagner Canhedo, uma bela e controversa figura. Mas nunca houve essa tal mordomia. É lenda. Isso é coisa que já não ocorre hoje.

No caso de restaurantes, houve época em que alguns, não todos, sempre tinham certos colunistas como convidados. Eles iam lá, participavam e divulgavam. Os abusos de alguns, chegando com 20 convidados, levaram ao fim desse modelo.

Comigo ocorreu uma situação peculiar, um fato que me deixa até hoje muito lisonjeado. Logo que foi aberto o Fasano, em São Paulo, o Fabrício Fasano, dono, veio a Belo Horizonte. Eu o conheci com o Carlos Gropen, que fazia uma coluna de gastronomia no caderno Fim de Semana do *Estado de Minas*. Então, todas as vezes que ia a São Paulo, de dois em dois meses, assinava o ponto no Fasano. O *maître* já me conhecia. Nunca me cobrou a conta. É uma atitude dele, uma deferência. Mas atualmente isso não existe mais, ou muito pouco.

Postos os pingos nos is, agora vamos falar de encantamento. A memória afetiva logo me leva a um dia em que seguimos, eu menino, para uma viagem longa, de carro, com papai e mamãe. Morávamos em Montes Claros e estávamos indo a Bom Jesus da Lapa, no Centro-oeste da Bahia, para cumprir uma promessa. Era uma cidade de romeiros, com uma igreja incrustada em pedras, atrai milhares de fiéis todos os anos. Aquelas imagens e aquele clima místico me impressionaram.

Agora, se o assunto é arrebatamento, salve, salve, Rio de Janeiro. Acho que era por volta de 1956, foi minha primeira vez por lá. Fiquei perplexo com o cenário. Boquiaberto. Eu passava férias com meus tios Quinzinho e Marina. Meu laço com o lugar nasceu ali, no impacto de se revelar beleza natural para qualquer ponto que se mirasse. Era um Rio maravilhoso. O hotel em que nos hospedamos, o Lancaster, hoje da Rede Othon, na Atlântica, continua lá. Era dos mais chiques da Cidade Maravilhosa. Um garoto criado no interior, que só conhecia BH, tinha mesmo de ficar estatelado diante daquele marzão. E os passeios no Pão de Açúcar, no Corcovado...

No exterior, ainda que conheça lugares como Rússia, Inglaterra, Alemanha e Marrocos, há dois a que volto sempre. São extremos, eu concordo, mas cada um me acolhe à sua forma: Nova York e Paris. Nova York é o contraste moderno, dá a impressão de que ali se dialoga com o mundo. Porém, Paris é imbatível. Já fui mais de 20 vezes, fico 8, 10 dias, e não me basta. Você anda pelas ruas e o lugar exala história. Qualquer ponto visitado é bonito. Para qualquer ângulo que se olhe, tudo é belo. Não adianta narrar. Paris tem que ser vivida. Nos últimos anos tenho ficado no Plaza Athenée – um dos mais charmosos, na Avenue Montaing – ou no Le Meurice, na Rivoli, da rede Dorchester Collection, aqui no Brasil representada pela incansável Sonia Sahao, amiga de tantos anos.

Numa de minhas viagens à capital francesa, calculo que por volta de 1974, a convite da Air France, o que era magnífico ficou sublime. No caminho, com o jumbo da companhia francesa cortando os ares, surge no pequeno bar da primeira classe ninguém menos que Maria Lúcia Godoy, a cantora lírica preferida de Juscelino Kubitschek. No improviso, entoou um "Amo-te muito" que encheu de ar angelical a aeronave. Não há como esquecer algo assim, há? Cantou para Mara e Gilberto Amaral e para mim. Maravilhoso.

A essência está na percepção

por Marco Antônio Andrade de Araújo

*E*u certamente conheci Paulo em alguma reunião, faz muito tempo, com o Milton Araújo, nosso pai. A relação já é de longa data, é antiga. Vai do Paulo Cesar de Oliveira jornalista ao hoje empresário. É, na verdade, anterior a nós, na gestão do Banco Mercantil. A origem vem da época de outros dirigentes, com quem manteve e aprofundou essa proximidade.

É uma surpresa ver como Paulo tinha uma rede de contatos fabulosa e a mantém. Em qualquer evento em Belo Horizonte de que se tinha notícia havia a presença dele. Se estivéssemos lá, nos encontrávamos para aquela conversa que sempre alimenta as boas relações. Assim, tornou-se comum estarmos com ele, sempre dinâmico, sempre ativo.

Não me esqueço de uma visita ao Paulo, em que ele me mostrou uma fotografia: quando menino, ao lado de Juscelino Kubitschek. Desde jovem, muito bem relacionado, próximo a pessoas destacadas da sociedade, da política, do empresariado.

O Paulo, e a gente não deixa de se lembrar disso, sempre teve muita consideração com seu Milton Araújo e esse vínculo era recíproco.

Mas amizade, amizade, furos à parte, porque a discrição costuma ser parte do negócio no mercado financeiro. Ficamos devendo isso a ele. E olha que no âmbito jornalístico, a gente sabe que ele acompanha de perto as notícias. Como colunista, minha percepção é que essa é a essência da atuação profissional que o guiaria até *alcançar outras atividades. O segredo, eu reforço, está na percepção. E, mesmo com multiatividades, essa natureza do colunista está presente, não se afasta dele.*

Se ele está há tanto tempo neste campo, é porque tem credibilidade, confiabilidade, equilíbrio e ponderação. Se não fosse assim, passaria. A longevidade da reputação decorre disso.

Comercial e editorialmente, estamos com ele desde o primeiro número de suas revistas. Acompanhamos, participamos, confiamos.

E é preciso pontuar que sua revista é formadora de opinião e, nesse sentido, há uma sintonia, porque coincide com a principal região de atuação do Banco Mercantil de Investimentos, que tem uma âncora em Minas Gerais. Ele atinge os ícones da opinião de forma muito acentuada e confirma o retorno, para além da amizade, como perspectiva de negócio.

> **Marco Antônio Andrade de Araújo** *é mineiro de Belo Horizonte, onde nasceu em 1962. É diretor-executivo do Banco Mercantil de Investimentos.*

Na grande casa dos mineiros

Eu andava muito feliz com o projeto vitorioso na passagem pelo *Diário do Comércio*, o fenômeno obtido com o *Jornal de Casa*, e às vezes acho que o destino estende provações ao longo do caminho. Ficar ou não ficar, diante de um convite que parecia irrecusável? Pois foi o que me ocorreu: as portas do grande jornal dos mineiros, o *Estado de Minas*, se abrindo. Era fim do primeiro semestre de 1978. Os ventos do país mudando. A democracia começando a soprar ali na esquina. Foi quando o saudoso Camilo Teixeira da Costa, então diretor-executivo, me convidou. Queria que eu editasse um suplemento de fim de semana no *Estado de Minas* e assumisse uma coluna no *Diário da Tarde*.

A motivação certamente foi de mercado, baseada no sucesso do semanário *Jornal de Casa*. No fundo, os dirigentes do *EM* viam nesse outro jornal um concorrente. Estavam equivocados, porque eram produtos completamente diferentes. Surgiu, então, o Camilo. Nós ainda não nos conhecíamos. Aqui eu lembro um querido amigo, o saudoso banqueiro Gilberto Faria, muito ligado aos Diários Associados, que sempre dizia: "Você tem que trabalhar no *Estado de Minas*". Nunca me foi dito, mas a minha impressão é que ele teria sugerido meu nome ao Camilo.

Eu fui chamado para uma conversa lá mesmo no *Estado de Minas*, que ficava na Rua Goiás, no centro de BH. Depois, tivemos uma reunião, uma conversa definitiva com ele, em São Paulo, onde também era diretor dos Associados. Quando voltei, acertamos tudo num encontro com o Pedro Aguinaldo Fulgêncio, que era o diretor-geral. Faríamos o lançamento do suplemento Fim de Semana, um caderno de variedades, e uma coluna diária no *DT* (com meu nome, mas ainda sem a tradicional foto) a partir de julho de 1978. Eu voltava ao *DT* depois de 13 anos para trabalhar com o mesmo e correto jornalista Fábio Doyle. Seguia o perfil do trabalho que eu vinha realizando. Mesclava a área social com política e economia. Era algo mais maduro.

Quanto ao Camilo, foi uma grande figura, um amigo. Muito do que fiz durante os 22 anos em que estive no *EM* foi exatamente pela força que ele me deu. Um período muito importante na minha vida. Porque, na época, era realmente um marco, uma conquista trabalhar no *EM*, o grande jornal dos mineiros. E continua sendo um grande jornal.

Acredito que o caderno Fim de Semana tenha sido um precursor, no Brasil, do estilo de cobertura dos acontecimentos com um mosaico de fotos. Tanto é que ocorreu um episódio peculiar, se não me engano por volta de 1980, quando houve um desabastecimento mundial de papel. Os jornais tinham que reduzir ao máximo o consumo. O Teódulo Pereira, diretor-secretário, me chamou para falar sobre isso e disse: "Aquele negócio das fotinhas, você não mexe não, porque é importante para o jornal".

A partir daí, outros jornais começaram a fazer. Como tudo na vida, havia os que gostavam e os que criticavam. Mas a maioria aprovava. Afinal, quem não gosta de ver seu retrato publicado? Daí a razão de ter proliferado pelo país afora. Virou um estilo consagrado mais tarde, principalmente pela *Caras* e outras revistas semelhantes. Mas, na verdade, era uma linha que já existia na Europa.

Esses 22 anos em que fiquei por lá foram muito ricos na minha vida, editorial e profissionalmente. Retomei as solenidades dos Melhores, que havia produzido no início dos anos 1970. Foram acontecimentos marcantes, no Palácio das Artes, reunindo mais de mil pessoas. Destacávamos figuras exponenciais em vários campos. Para indicar os Melhores, criamos uma comissão comunitária presidida pelo consagrado oftalmologista Hilton Rocha, uma personalidade e tanto.

Na época, quando informei ao jornal que iria convidá-lo, muita gente não acreditou. Alguns imaginavam que ele nunca aceitaria isso. Tinha fama de inalcançável. Foi, realmente, uma figura marcante. Mas consegui chegar até ele. Ficou meu amigo. Cientista, profissional com olhar humano sobre a Medicina e, o mais interessante, extremamente vaidoso. Foi daí a razão de aceitar presidir essa comissão. O fato é que a presença dele valorizou as indicações dos Melhores e deu mais legitimidade a elas.

Tem gente nova na redação!

por André Carvalho

*N*uma só mesa apertada, Ronaldo Brandão e eu, copidesques, e Sebastião Martins, editor, morríamos de trabalhar fechando a Editoria da Cidade, às vezes 12 ou 13 páginas, quando percebemos gente nova na redação.

— É o Paulo Cesar de Oliveira, oh! – cochichou o Ronaldo.

E era mesmo. Mais bem-vestido do que qualquer um de nós, na redação do Estado de Minas tinha mesmo jeito de colunista social. Ao ver Ronaldo, ele veio até nossa mesa. Eu já o conhecia fazia muito tempo, e ele chegava de uma passagem marcante pelo Diário do Comércio e o Jornal de Casa.

— Você não tem notícias pra mim aí, não, Ronaldo? Umas três!

Ronaldo foi para a primeira mesa vazia, onde havia uma máquina Remington. Começou a batucar nos teclados. E eu fui para outra. Em cinco minutos, tínhamos três notícias, duas do Ronaldo e uma feita por mim. Estendi a minha.

— Olha, Paulo, é sobre o Liderato – e percebi um sorriso maroto dele, ao ver a informação a respeito da peça que eu havia escrito, Liderato – o rato que era líder, um sucesso infantil que estava havia mais de um ano em cartaz, tinha ganhado prêmios...

— É o assunto do ano, não é, André? – disse ele, pegando a lauda, com um sorriso mais maroto ainda.

Leu um pouco mais e o rosto foi mudando de tom. Senti que ele havia farejado ali algo que identificava como notícia de verdade.

– Mas essa merece, hein! Ruth Escobar montando a sua peça em São Paulo? – perguntou a mim.

– É, sô, estamos ficando internacionais em termos de Brasil. – E percebi que o sorriso dele não era mais de mofa.

No dia seguinte, estava lá a nota em destaque, na coluna que ele escrevia no Diário da Tarde, ali pelo fim dos anos 1970. Foi esse Paulo, generoso com a arraia-miúda da imprensa, que conheci e aprendi a admirar para sempre.

> **André Carvalho** *é mineiro de Curvelo, onde nasceu em 1937. Aos 15 anos, fundou o semanário* Folha do Povo *em sua cidade natal. Foi colunista de rádio e televisão da revista* Alterosa, *no fim da década de 1950. Depois, atuou como diretor de programação da Rádio Mineira e lançou o programa* TV da Mulher, *na TV Itacolomi, em 1972. Trabalhou como editor de cidades e do suplemento infantil Gurilândia, no* Estado de Minas. *Foi um dos editores-proprietários do semanário* Jornal de Domingo. *Presidiu a TV Minas. Dirige a editora Armazém de Ideias, fundada em 1985, com mais de 300 títulos lançados.*

Três letras e uma reflexão

Há quem creia que fui o criador do nome, sigla ou marca. Mas tudo veio numa espontaneidade para lá de natural, porque eu jamais assinei PCO. Minha fiel escudeira, Ana Lúcia Cortez – comigo há mais de 30 anos –, resolveu colocar PCO em vez do meu nome nas legendas de fotos a serem publicadas, isso há umas duas décadas. As pessoas começaram a me chamar assim no início dos anos 1990. Não criei, mas gosto. Muita gente me trata dessa maneira. Só nos últimos tempos, com meu blog, na revista *Viver Brasil* e no jornal *Tudo*, é que adotei a chancela. Estou, afinal, me rendendo a uma coisa que pegou.

A esse olhar que vem de fora, a propósito, sempre dou muita importância. Eu gosto da crítica. Porque elogio é fácil e todo mundo faz. Mas quando a pessoa me traz uma observação diretamente, é disso que mais gosto. Serve para mexer, alertar e, às vezes, a crítica é pertinente. Em geral, é preciso a autocrítica para reconhecer que algo não está lindo, não está bom, que está uma merda.

Muita gente imagina que a imprensa não se importa com o tom crítico, o ignora. Não é assim conosco. Os que desdenham estão sendo pouco lúcidos. Eu respeito a opinião dos outros, confiro para me certificar de que há procedência, analiso. Eu confesso que, pela minha maneira, meu jeito aparentemente seco, as pessoas não se aproximam para falar, achando que sou fechado.

E tem ainda meu bigode – adotado em função de papai, por influência dele – que sugere uma personalidade mais séria do que sou, com cara de bravo... Não conheci papai sem bigode. Passei a usar por volta de 1972. Nunca mais tirei.

Esse conjunto com os óculos completa o semblante mais circunspeto. Uso óculos há muito tempo, mais de 30 anos. Tenho astigmatismo, além de necessitar deles um pouco para leitura. Mas não me pergunte o grau das minhas lentes, porque não faço a menor ideia. Há coisas que a gente não memoriza, e nem me adiantaria muito saber sobre isso. Para quê?

O temperamento, ou o que pensam sobre ele, talvez me ajude também a ficar livre de uma categoria indesejável que orbita em todas as esferas: os bajuladores. Como jornalista tem relacionamento com figuras influentes, do poder aos astros *pop*, existem casos sistemáticos dessa aproximação com terceiros interesses ao longo da carreira. Ainda que eu não seja indelicado, não faço rodeios, porque não gosto de puxa-sacos. E eles são facilmente reconhecidos. Há quem os adore, quem se permite levar.

O repelente é, sem deixar de conviver, cortar, manter distância, não dar importância. Se você não der muita abertura, isso acaba impondo certo respeito. Aprendi essa postura ao longo da vida.

Agora, nós, jornalistas, não podemos nos transformar na cruz do mundo – para ser adorada ou apedrejada, dependendo do credo de cada um – se nos foi dada a particularidade, a senha para hierarquizar aquilo que é ou não relevante no planeta. Inclusive no colunismo social. Essa é uma prerrogativa da profissão. E mesmo com uma internet avassaladora penso que não vamos fugir muito desse princípio da hierarquização. Ela se mantém.

Eu digo que é como se o jornalismo carregasse a chave para fazer isso. Até porque jornalista e jornalismo se encarregam dessa missão. Mas é necessário ter a percepção, o bom-senso de não achar que é dono de algo. Nem da verdade nem do poder de decidir institucionalmente. Obviamente, tudo se segue a uma orientação, há fundamentos maiores, inclusive o da própria empresa. É preciso concordar que, às vezes, o jornalista se comporta como se fosse o dono e não é.

A terapia do beliscão

por Roberto Drummond

Ah, belisquem-se todos!
Belisquem-se para cair na real. Belisque-se o presidente FH, porque ele vem achando (e os presidentes correm esse risco) que é dono do vento, das tempestades e das bonanças. Vem achando que é dono do Brasil, quando, na verdade, nós o elegemos, não para ser rei ou ditador, mas para ser presidente da República.

Belisque-se, FH, para ter uma exata noção de onde vieram os votos que o elegeram já no primeiro turno.

Belisque-se, FH, para dar a Minas o que é de Minas. Por que FH tem uma clara e estranha preferência pelo Rio de Janeiro? Porque morou lá? Porque lá, quem sabe, conheceu o primeiro amor? Porque é um carioca, e não um paulista?

É preciso dar ao Rio de Janeiro o que é do Rio de Janeiro. Mas eu insisto: é preciso dar a Minas o que é de Minas. Na verdade, FH tem uma dívida com Minas, pelos votos que teve entre nós. Mas FH parece não ligar para isso.

Belisque-se o atacante Romário. Belisque-se para cair na real. É normal um craque, mesmo quando se chama Romário, derrubar a comissão técnica de um time? É normal derrubar o técnico do time? É normal agir como se fosse rei ou ditador?

Na verdade, FH e Romário têm que se beliscar com mais força. Mas todos que estão indo bem na vida. Todos que estão fazendo sucesso. Todos que conhecem a fama. Todos que têm poder devem, urgentemente, beliscar-se. Uns, com mais força, outros, com menos força. Conforme o caso. Toda hora que você se sentir um rei, belisque-se.

Não, não pensem que a terapia do beliscão é minha. Não é de Freud. Não é de Lacan. Não é de nenhum papa da psicanálise. É, sim, de uma pessoa que, particularmente, considero um sábio. Um sábio nesse desafiante ato de viver. Falo do colunista Paulo Cesar de Oliveira, o PCO. Pois PCO é o inventor da terapia do beliscão.

Segundo o teórico da nova terapia, é exatamente quando os ventos sopram a nosso favor que devemos nos beliscar. O deputado que não se reelege deve se beliscar? Não. O escritor cujos livros conhecem a solidão das livrarias deve se beliscar? Não. O cantor que fracassa no novo LP deve se beliscar? Não.

Mas o deputado que dispara na votação, o escritor que a cada dia vende mais livros e o cantor que está nas paradas de sucesso, esses, sim, segundo PCO, devem se beliscar.

Todos nós, se estamos indo bem na vida, estamos sujeitos a vestir a máscara. Quando um craque de futebol mascara, costumamos dizer que ele está "de salto alto". Mas isso pode acontecer nas mais diferentes atividades.

Temos um inimigo a combater: o rei na barriga. É uma linguagem chã, Moça de Santa Tereza? Pode ser, mas é a linguagem verdadeira. A teoria do beliscão de PCO é muito útil. Quantos deputados se elegem numa legislatura e fracassam na próxima? Quantos artilheiros param de fazer gols. Eu, se fosse Zagallo, um ex-craque e um técnico cuja importância não foi ainda devidamente avaliada, daria um beliscão muito forte no braço.

Ou (pergunto a PCO) Zagallo não precisa? Talvez não. O certo é que a crônica esportiva, mesmo quando é injusta, presta grande benefício a um técnico como Zagallo. É que a crônica esportiva dá o beliscão. Da mesma forma acontece com a crítica literária. Ela dá nos escritores o beliscão na hora certa. E ele cai na real. E torna-se um devedor mesmo daqueles que o agridem. Por falar nisso: conheci *um escritor brasileiro de quem nunca falavam mal. Todos em volta o tratavam como se fosse Deus. Desfecho da história: ele parou de escrever. Ao contrário dos que (como este escrivinhador) são permanentemente beliscados pela crítica.*

Roberto Drummond *é mineiro de Ferros, onde nasceu em 1939. Jornalista e escritor, teve passagens pela revista* Alterosa *e pelos jornais* Binômio e Estado de Minas. *Foi colunista do* Estado de Minas e Hoje em Dia. *Recebeu o Prêmio Jabuti por* A morte de D.J. em Paris, *em 1975. É autor de livros como* Hilda Furacão e O cheiro de Deus. *Morreu em 2002. Este texto foi publicado em 17/7/95, no jornal* Hoje em Dia.

Glamour, tudo bem, mas deslumbramento...

A mosca azul é coisa antiga, meus caros. A questão do deslumbramento, infelizmente, é do ser humano. Não pertence só a nós, jornalistas. E isso, às vezes, derruba uma pessoa. Já testemunhei vários casos. Graças a Deus, ao longo desses praticamente 45 anos no jornalismo, nunca entrei nesse processo de deslumbramento, porque aprendi cedo que nada disso é importante. Você tem que praticar bem a sua profissão, com equilíbrio, e nunca achar que pode tudo. Há quem seja bajulado e considere o máximo.

Eu costumo citar exemplos emblemáticos lá de cima. Temos aí dois presidentes da República que, seduzidos, causaram problemas a esse país. Foram presidentes que chegaram aos 41, 42 anos e houve um processo terrível de deslumbramento. Coisa da idade. A pessoa não estava preparada para tanto poder. O Jânio Quadros tinha 43, achou que podia tudo. Como havia uma Constituição e ele queria rasgá-la, achou que, pedindo a renúncia, o Congresso iria buscá-lo, dando todos os poderes. Sei que foi assim, porque há duas, três pessoas que conviveram com ele na época. Um deles, o saudoso José Aparecido de Oliveira, que, muito jovem, foi seu secretário particular.

Depois, vem nosso querido Collor. Eleito com 40, renunciou aos 43. A sensação de poder vai lá em cima. Há controvérsias sobre o processo de *impeachment*, mas, no fundo, ele também achou que podia tudo. Levou um golpe branco. Vieram as denúncias do irmão Pedro e os abusos do PC Farias. O Congresso aprovou o *impeachment* porque não estava participando. Ele achava que não tinha necessidade de compor com o Parlamento. Eu vou mais além: de comprar.

Posteriormente, você verá o Fernando Henrique, que trabalhou para ficar oito anos e como é acabou? O que fez? Comprou o Congresso. Depois, vem o querido Lula, a quem admiro, de quem gosto. Teve aquele problemão no primeiro mandato. Negociou, acabou reeleito. Para o bem ou para o mal, nesses dois casos houve outro tipo de condução.

Há uns 30 anos uma pessoa, me falha o nome, comentava comigo: "Paulo Cesar, na vida a gente tem que acordar, dar uma beliscada e ver que você é humano. Na hora de dormir, faz a mesma coisa. Para se lembrar que é humano. Para não entrar no processo de deslumbramento". Isso foi motivo de uma crônica do autor de *Hilda Furacão*, o escritor Roberto Drummond, na época em que trabalhou no jornal *Hoje em Dia*.

Sobre o Roberto, aliás, no período da eleição presidencial de 1989, falávamos frequentemente a respeito da disputa. Um dia, eu estava na porta do Chico Mineiro, restaurante tradicional lá na Rua Alagoas, na Savassi, e o Roberto, Lula até debaixo d'água, passou. Conversando, fizemos uma aposta. Eu apostei no Collor. Ele, no Lula. Valia uma caixa do uísque escocês Royal Salute. Depois me alertaram: o Roberto não vai te pagar. Tinha fama de pão-duro, sovina.

Acabou a eleição, liguei e cobrei: "Roberto, minha caixa de Royal Salute". Ele foi comprar, mas queria comprar uma de seis garrafas. Aí bati o pé: a caixa é de 12. Acabou que ele me pagou as 12. Me chamaram de herói, porque fiz o Roberto pagar uma aposta.

Depois, conversando com ele sobre o *impeachment*, disse a ele que o Collor havia caído por isso. Então, ele escreveu uma crônica da terapia do beliscão, o que é uma realidade. E, na prática, há momentos em que eu a faço. E faço literalmente, para lembrar que a gente é de carne e osso. Se deixar, você vai embora, vai lá para cima, voa.

Ainda haverão de reconhecê-lo como um pioneiro

por Hermógenes Ladeira

*E*u trabalhava na Última Hora *em Minas Gerais. Era chefe de publicidade. Depois, vim a ser diretor comercial quando o jornal foi reaberto em 1965, após ser fechado em 1964, no golpe militar. Foi uma época muito boa. Conseguimos não apenas alcançar o segundo faturamento, mas viramos o segundo em circulação.*

E o Paulo Cesar havia chegado de Montes Claros um pouco antes. Nos conhecemos por amigos comuns. Tínhamos vários. O Paulo, que já havia assinado uma coluna em Montes Claros, queria começar por aqui. Ofereci a ele uma coluna especializada em automobilismo, que tinha uma parte social, como foi meu início no jornal. Ele começou conosco e a carreira deslanchou. Foi na segunda metade da década de 1960. Belo Horizonte era pequenininha... Tinha poucos clubes. O Automóvel Clube, o Minas, surgiu o PIC. Não havia uma vida tão intensa quanto hoje. Lá no começo, a grande sensação era o Kart Clube, na Lagoa Seca, onde é hoje o BH Shopping. Paulo deu à coluna um pouco mais de amplitude, com o aspecto social criado por ele.

Sou de uma época, como a do Paulo, em que o jornalista era formado na redação. Não havia escolas. A partir dali, nos tornamos amigos. Trabalhávamos num prédio na Rua Tupis, próximo ao Barro Preto, entre a Avenida Olegário Maciel e a Rua Rio Grande do Sul. Ficava no nível da rua, um balcão enorme. Ali trabalhava o chefe de redação. O diretor era o Dauro Mendes. Tínhamos uma equipe brilhante. Usávamos a Olivetti, uma máquina de escrever tradicionalíssima. Uma fase romântica, muito diferente de hoje em dia. Ele tinha o cabelo sarará, maior que a cabeça dele. Hoje tem um cabelo civilizado... Usava roupas meio espalhafatosas, para dizer o mínimo. Tinha sotaque do norte de Minas, onde viveu.

Eu, naquela época, nunca poderia imaginar que o Paulo se tornaria, além de um bom jornalista, um empreendedor na indústria do jornalismo. Tinha muita confiança no sucesso profissional, mas ele foi além. Empresário audacioso, realizador. Que sempre prestigiou e foi amigo de seus amigos.

De qualquer forma, a origem do Paulo já o credenciava, o tio dele foi muito amigo de meu sogro, o velho Quinzinho, o Joaquim Alves da Silva, lá de Montes Claros.

Outra de suas melhores qualidades é a solidariedade. Foi criticado por ter exagerado no apoio a funcionários em momento crítico de doença, de dificuldade. Ele não tem apego ao dinheiro como alguns avarentos. É um mão-aberta, às vezes, até demais. É extremamente leal, é correto em suas relações comerciais. Soube enfrentar os momentos difíceis com muita dignidade e vencê-los.

Ele começou, então, na Última Hora, *uma brilhante e criativa carreira no jornalismo social. Se bem me lembro, foi para o antigo* Diário Católico, *teve uma passagem também brilhante pelo* Diário do Comércio, *um jornal extremamente importante naquele período, meio da década de 1970, capitaneado por José Costa, que foi um jornalista e empresário de fantástica história em Belo Horizonte. Começou com um jornal de informação cadastral, e o Paulo participou dessa transformação industrial, gráfica e editorial que considero um dos pontos mais relevantes de sua carreira.*

Posteriormente, foi para o Diário da Tarde. *Salvo engano, na época da administração dessa fantástica figura humana que foi o Paulo Cabral, que conseguiu restaurar o prestígio dos Diários Associados e, muito especialmente, do* Estado de Minas *e do extinto*

Diário da Tarde, *onde Paulo teve uma coluna de grande relevância, por conta da alta circulação do jornal.*

De lá para cá, tivemos um embaixador e uma embaixatriz de Minas, o Alair Couto e a Zilda Couto, que foram nossos maiores anfitriões, divulgando Belo Horizonte e o estado. Colunistas como o Paulo e o Wilson Frade souberam muito bem valorizar isso. Crédito também para a Anna Marina.

O estilo da coluna dele, no meu entender, nunca mudou. Ele foi se aperfeiçoando. As colunas mudaram e, pouco a pouco, o Paulo foi deixando de ser um colunista social e adotando uma coluna de natureza política, econômica. Mas o aspecto social está lá presente, assim como em Nova York, em Londres, ou qualquer outra cidade.

O Paulo tinha uma característica de não ser apenas um jornalista bem informado e bem relacionado em todos os níveis, até os interestaduais – Brasília, Rio de Janeiro e São Paulo. No seu relacionamento com os empresários, sempre deu uma grande colaboração à área comercial dos veículos em que trabalhou. Produz como jornalista e colabora na área comercial.

Tenho absoluta convicção de que as contribuições ao Diário Católico, *ao* Diário do Comércio *e ao* Estado de Minas *e DT o ajudaram mais tarde numa iniciativa tão bem-sucedida, tão desafiadora, que foi a* Encontro. *E, tendo deixado a* Encontro, *aqui sem avaliar as razões e o porquê, parte para um desafio maior, que foi a revista* Viver Brasil, *ao lado dos filhos. Gustavo, que puxou as qualidades do pai nessa área comercial, extremamente trabalhador, e Paulinho, que presta grande colaboração à retaguarda. Mas o grande realizador é o Paulo Cesar. E em Minas Gerais, que é um cemitério de veículos de propaganda, de jornais, de revistas.*

O futuro vai dizer se ele está criando escola. Há uma diferença entre o pioneiro e o aventureiro. Você vai encontrar, sobre o Paulo, os dois conceitos. A diferença é que um foi bem-sucedido. No dia em que a revista Robb Repport, *o mais extraordinário desafio e realização que o Paulo*

Cesar e os filhos encontraram, se tornar um veículo da importância jornalística e comercial próximo ao da americana (nunca será igual), e eu confio nisso, o Paulo terá se tornado um grande pioneiro do jornalismo em Minas. Como bom jornalista e bom empreendedor.

O Brasil, de um modo geral, não sabe dar valor ao empreendedor. Em Minas, de uma maneira muito particular, isso é destrutivo. Faltam reconhecimento e estímulo. Em Minas, todas as vezes que alguém inicia um negócio um pouco fora do comum, sempre o alcunham de aventureiro. Há dezenas de exemplos.

No jornalismo, que é o caso do Paulo, falo de uma história de 50 anos vivida. O que restou dos tantos empreendimentos que tivemos? Veja os empreendimentos do Paulo Cesar, o caso da revista Encontro, que foi uma semente tão boa, que está aí, apesar de ele ter saído. A Viver Brasil, desafiadoramente, está levando à frente o seu projeto e, paralelamente, criando um grupo de comunicação, a VB, uma ideia que os filhos deram e ele abraçou.

O Paulo tem outra característica, que é promover de uma forma muito objetiva, realizadora, o congraçamento entre os empresários, como a criação desses eventos da Conexão Empresarial, encontros formidáveis.

O que tenho por ele é uma amizade muito consolidada. Somos amigos há mais de 40 anos. Sobretudo porque vivemos nossa amizade, fomos companheiros na vida profissional. É um trabalhador obstinado, não há dificuldade para ele. É uma convergência que temos, essa de reconhecer o trabalho como nossa identificação.

Nós nos falamos quase que todos os dias. Ultimamente, muito mais. Desde que deixou a Encontro, a gente, mais velho, se tornou um pouco conselheiro para os amigos. Ao Paulo, que não é de ouvir muitos, mas ouve alguns, eu tive a oportunidade de dar as minhas sugestões quando ele me procurou. Nos encontramos para almoçar, jantar. Ele se dá muito bem com meu filho caçula, o Márcio. Temos uma convivência muito grande. Frequentamos muito a casa um do outro e restaurantes, levando nossas mulheres.

E amizade fraterna e leal, quando há interesse, deixa de ser verdadeira. Não há como explicar a razão por que ela existe. Não pode ser um interesse comercial, pessoal, uma vaidade. Amizade supera até mesmo a divergência.

Eu, um cearense de nascimento, tenho que observar que a personalidade do mineiro é a de muito reservado. Mineiro não é desconfiado, é cauteloso. O Paulo é introvertido, apesar de não admitir isso. E, às vezes, injustamente, aparenta não ser uma pessoa simpática à primeira vista, parece, para alguns, um pouco arrogante. Não sei se isso é uma forma de compensar a personalidade. Ele precisa de algum tempo para conviver com o outro. Mas é preciso conhecê-lo para ver que aquilo é um escudo. Você teve e tem colunistas sociais tão introvertidos quanto ele, como o Wilson Frade e Anna Marina.

Mas não imaginem que não existam passagens cômicas sobre ele, porque existem. Há uma muito interessante, que faz muitos, muitos anos. Eu morava ali no Mangabeiras. Lá pelas 3 horas da manhã, toca a campainha de casa. De madrugada, você vai esperando pelo pior. Minha mulher, a Diva, vai atender, de camisola, assustada. E lá estão o Paulo e o Hermenegildo Gomes da Silva, outro amigo, ambos com uísque até na testa: "Precisamos falar com o Hermógenes, precisamos falar com o Hermógenes". A Diva me levantou às pressas. Eles tinham ido à minha casa àquela hora para apresentar uma ideia mirabolante do Hermenegildo, a de fazer um cemitério em Sete Lagoas! Falei: "Topo qualquer coisa, mas cemitério podem esquecer, porque eu não entro". Desse episódio não encontro paralelo.

Hermógenes Ladeira é cearense, de Fortaleza, nascido em 1938. Atuou como chefe de publicidade e diretor comercial do jornal Última Hora. Fundou, em 1967, a Companhia Alterosa de Cerveja, em Vespasiano, na Grande BH. Foi presidente da Antarctica em Minas Gerais e da Bozzo, uma das maiores exportadoras de café do Brasil.

Nos bailes da vida

A vida vai nos ensinando que é feita de muito trabalho, mas que não se renova se não houver comunhão, congraçamento. Com certa imodéstia, acho que dei minha contribuição à altura quando o assunto é reunir as pessoas, provocar os encontros. Se são em torno da alegria, bom. Se são em torno do contentamento e ancorados a uma causa solidária, melhor ainda. Pois foi isso que tive a chance de fazer em minha passagem pelo *Estado de Minas* e repetiria mais à frente durante meus anos de jornal *Hoje em Dia*.

Volto bem lá atrás, para relembrar o primeiro baile, promovido em parceria com o também colunista Theodomiro Paulino (até hoje meu fraterno amigo), em Montes Claros. Estávamos nas franjas dos anos 1960. Noite inesquecível, madrugada, nós dois nos braços da turma. Que espetáculo! Primeira e única vez que fui carregado pelo povo...

No *Estado de Minas*, fizemos alguns bailes *black-tie*, em benefício da Jornada do Menor. Foram pelo menos uns oito, promovidos ao longo da década de 1980 no Buffet Catharina, salão da Avenida Raja Gabaglia, no limite dos bairros Santa Lúcia e Estoril. Eram dedicados a ajudar as creches da cidade.

Os bailes, infelizmente, estão acabando. Um pouco da música de qualidade, ao vivo, ainda há, como as boas orquestras, mas as pessoas não se dispõem mais. A faixa de idade vai mudando... E costumo dizer que já não existe música, porque conviver com o tal de funk e o bate-estaca é dose para leão. O baile em si, a festa, isso se perdeu um pouco. E os clubes, que também os promoviam, quase não têm mais sentido. O grande clube em Belo Horizonte é o Minas. Os outros, como PIC, Iate, Jaraguá, têm o seu movimento, mas não têm mais a procura que havia.

Quem tinha competência de sobra para os grandes bailes era o Eduardo Couri, que durante muitos anos brilhou no *Estado de Minas*. Começou fazendo o Baile do Suéter, no Iate, depois o Showçaite, o GlamourGirl. Eduardo morreu, e eu já estava no *Estado de Minas*. Daí, propus: vamos fazer uma festa para suprir essa lacuna. Apesar de, na época, eu não ser exatamente um colunista social e, sim, o editor do caderno Fim de Semana, achei que havia espaço e que seria uma forma de ajudar. Mantive a tradição quando me transferi para o *Hoje em Dia*, promovendo o Baile da Solidariedade, cuja renda era dedicada a um hospital especializado em câncer infantil.

Quem vai para se divertir se deslumbra com a música, as danças, o *glamour*. Mas, meus amigos, dá um trabalhão e tanto. É uma preparação de pelo menos uns três meses. E pensar que isso significa um quarto de ano! O mais importante é que vale a pena. É gratificante deparar com todo mundo participando, se relacionando, se divertindo. Isso é o que deixa feliz a quem faz. Todas essas dificuldades são coroadas como esse momento de congraçamento.

E estar diante das grandes orquestras é coisa sublime. Vinte, 30 pessoas como se estivessem tocando só para você, como a orquestra Anos Dourados. Já disse que não bebo na fonte do saudosismo, mas isso me dá saudade, dessas em que a gente não precisa lamuriar.

Ah, vou confessar uma coisa, e nunca falei sobre isso: os bailes traziam uma sensação tão leve e ao mesmo tempo vigorosa que me remetiam à valsa. E eu gosto tanto de valsa que tinha vontade de ter nascido naquele tempo. Acho que vivi naquela época. Mais precisamente em Viena.

Uma artista como poucas

Há muitos anos conheci a Denise Magalhães, desde quando tinha uma loja na Rua Levindo Lopes, na Savassi, um cantinho ainda acanhado. Denise saiu de Caxambu para ganhar o mundo. Com as suas mãos divinas, criou a Verde Que Te Quero Verde, uma grife hoje conhecida em todo o Brasil, de Norte a Sul, pontificando em Minas, São Paulo, Brasília e Rio, mas com serviços também em outros estados. A decoração que Denise faz nas festas da vida, posso dizer com segurança, é insuperável. O mínimo que acontece é deixar todo mundo boquiaberto. Me recordo de uma dessas, em 2010, no Mix Garden, casa de recepções na saída de Belo Horizonte para o Rio de Janeiro. No casamento de Renata, filha de Heloísa e do empresário Alex Veiga, ele não se cansava de dizer: no mundo dificilmente encontra-se alguém como Denise. O detalhe é que ambos estão acostumados a frequentar lugares especiais, *habitués* em Paris, onde os pais de Heloísa, Déa e Murilo Martins, têm apartamento há mais de 30 anos. Minhas andanças por aí confirmam que eles tiveram razão para se maravilhar.

Em 2011, Denise faria cair o queixo de convidados outra vez, agora no casamento de Isabela Drumond, filha de Maria Helena e do professor Jose Martins Godoy, no salão Altavila. Não bastasse a vista maravilhosa daquele ponto que fica nos limites de Belo Horizonte e Nova Lima, todos foram brindados com uma profusão de flores do maior bom gosto. Houve quem afirmasse nunca ter visto algo semelhante na capital mineira. Em São Paulo, mesmo com bons profissionais, quando Denise é contratada para algum evento é garantia de que vai encantar com sua decoração – como Sofia e Sergio Bueno; Isabela e Carlos Alberto

Oliveira Andrade, o CAOA –, o mesmo acontecendo em Brasília – por exemplo, nas festas de Ana Maria e do empresário José Celso Gontijo, Elizabeth e Geraldo Amorim (o homem da Sofrango); Cleusa Ferreira (da Magrela), Yara e Roberto Curi; Ana Paola e Pimenta da Veiga –, ou no Rio – Gloria e o empresário Vasco Costa; Priscila Zaffir e Benjamim Kratz; Julia e Hamilton Padilha.

O melhor de tudo é que o lado especial de Denise não fica só no aspecto profissional. Paralelamente, há que se reconhecer a figura humana que ela é. Hoje está casada com o paulista Edison Bacci. Silenciosamente, Denise faz questão de ajudar a muita gente.

Falo por meu pai

por Anna Paola Frade Pimenta da Veiga

Minha ligação com Paulo Cesar de Oliveira é desde meninota. Meu pai, Wilson Frade, que durante longos anos foi seu colega de trabalho, tinha muito carinho por ele. O Paulo faz parte da história da minha família. Esse profissional intenso, de personalidade forte, que fala pouco e observa absolutamente todos os movimentos ao seu redor e no mundo, demarcou seu espaço em Minas Gerais e no Brasil, pela sua capacidade de escrever muito bem e registrar na imprensa a notícia com seriedade.

Aos meus olhos, é atualmente o jornalista mais informado e um dos mais bem relacionados não só de Minas, mas também do país. Portanto, o mais forte de todos. Um profissional que em seus veículos de comunicação – como as revistas Viver Brasil e Robb Report e o jornal Tudo, todos de grande penetração – há anos vem registrando fatos, acontecimentos e a história da sociedade mineira. Meu carinho por ele é enorme.

A lealdade aos amigos é sua principal característica. Certamente este atributo contribuiu para o sucesso de sua carreira. Se meu pai estivesse vivo, tenho absoluta certeza de que faria sobre ele um depoimento generoso e sincero, dizendo da importância e do peso de Paulo Cesar no jornalismo mineiro e brasileiro.

Anna Paola Frade Pimenta da Veiga *é mineira de Belo Horizonte, onde nasceu em 1966. É filha do colunista Wilson Frade. É joalheira e conselheira do grupo de networking G15*

Entre os papas.
E as intrigas

No início, não foi nada fácil. Eu era mais um chegando, disputando espaço. E se há ciúme em outras áreas, no colunismo é ainda mais acentuado. O bom foi poder dizer, ao final, a despeito de uma rusga aqui, outra ali: tive uma excelente convivência com meus colegas. Logo que comecei, tinha até uma boa relação com o Eduardo Couri. Mas quando passei a despontar, por alguma intriga, não sei porquê, deixamos de nos falar, ficamos um longo tempo afastados. Isso durou alguns anos. Mas depois voltamos a nos relacionar até a morte dele. Era uma pessoa muito boa, muito bacana.

Com o Wilson o mesmo tipo de problema ocorreu no início, um certo ar de indiferença, estranhamento, mas depois ele começou a me tratar normalmente. Numa determinada época, trabalhávamos porta a porta, porque uma parte do jornal funcionava na Rua Goitacazes, a um quarteirão da sede da Goiás. Tivemos uma convivência muito boa. Basta dizer que, em 1980, fiz uma homenagem a ele pelos 30 anos no jornal, na boate Crocodilus. Aliás, o livro do Ricardo Amaral (*Vaudeville – Memórias*), empresário, rei da noite, estranhamente não faz nenhuma citação a Minas Gerais, onde, durante dois anos, foi proprietário dessa casa. A Crocodilus funcionava na Savassi, no prédio da esquina de Getúlio Vargas com Cristóvão Colombo, bem na praça.

Voltando ao Wilson, me dá alegria dizer que foi uma excelente convivência, muito boa. No início, difícil, eu reconheço. Ele, posteriormente, sempre me ajudando. Sei que auxiliou muita gente na vida.

Há um episódio que ilustra isso, uma viagem que fizemos a Paris e a Lisboa, acompanhando o então presidente Figueiredo. Quem nos convidou foi o embaixador Paulo de Tarso Flecha de Lima, na época chefe do Departamento de Comércio Exterior do Itamaraty. Mineiro, bela figura. A viagem, porém, era por conta nossa. Eu estava num hotel mais barato, condizente com minha condição, e ele, no Ritz, o melhor de Lisboa. Ele ficou sabendo e deu um jeito de me convidar para que eu me hospedasse também no Ritz. Foi no apartamento reservado por Henry Maksoud, que teve de voltar a São Paulo.

Ele tinha uma característica muito própria, que era a de sempre alimentar os dramas diários, ficar reclamando de alguma coisa. Era do temperamento dele. Tanto que Sérvulo Tavares, que trabalhou com JK e, dizem, foi o primeiro colunista de Belo Horizonte, saudoso jornalista amigo nosso a quem o Wilson sucedeu, brincava: "Olá, Wilson, qual o drama do dia?". Era uma figura e tanto. Me tornei amigo da família, da Edma, sua mulher, e da filha, Ana Paola, que se casou com Pimenta da Veiga, sempre bonita, simpática, agradável, que nunca se deslumbrou. E, no exercício do jornalismo, trocávamos figurinhas frequentemente.

Tinha informação que ele gostaria que eu desse, e outras que eu repassava a ele. Surgiu uma cumplicidade depois de alguns anos.

PCO chegou, viu e venceu!

por Gilberto Amaral

*E*le começou a carreira jornalística com determinação, amor e, o principal, com humildade. Isto é, sem a petulância que muitos coleguinhas têm quando se acham os donos do mundo por ter uma coluna no jornal. Uma coluna é sempre um pequeno jornal dentro de um grande jornal.

O início da trajetória foi em Montes Claros, não tirando os olhos da capital, Belo Horizonte, onde, naquela época, a crônica social era dominada por Wilson Frade, tendo como seus discípulos Mário Fontana e Gilberto Amaral. Quando PCO aportou em Belô, eu já estava em Brasília e tinha passado pelo Estado de Minas, Diário da Tarde, Diário de Minas *e nas revistas* Silhueta *e* Do Rádio.

Em 1956, fiz a estreia na televisão e comecei a crônica social, a primeira televisiva do Brasil. Paulo Cesar, de longe, já estava de olho em tudo. Ele se aproximou e nos tornamos amigos. Com a sua maneira de ser, calado e comendo pelas beiradas, como bom mineiro come-quieto, Paulo Cesar foi penetrando nos meios sociais de Minas e do Brasil pelas mãos de seus amigos, que o admiravam.

Logo, logo, conseguiu um caderno dominical no mais prestigiado jornal das Gerais, o Estado de Minas *e chamou-me para que participasse do seu projeto com notícias da Corte, como eu denominei Brasília.*

Quando ele quis se aproximar de Ibrahim Sued, não se fez de rogado. Sabendo da minha amizade com o saudoso mestre da coluna *social no Brasil, pediu-me que o apresentasse e o Turco, sempre fechadão, cedeu a minha solicitação.*

No decorrer do tempo, PCO foi mostrando seu arrojo, amor pelo jornalismo e, principalmente, sua visão empresarial. Certo dia, chegou a Brasília e foi ao meu escritório com um projeto na mão a fim de convidar-me para ser seu sócio no empreendimento que viria a ser a revista Encontro. *Agradeci a atenção, rejeitei a hipótese de sociedade, mas não deixei de colaborar, assinando duas páginas mensalmente. A revista cresceu e cobriu de certa forma a lacuna deixada com o desaparecimento da mais famosa de todas, a revista* Alterosa. *Como promoter, movimentou a sociedade de Belo Horizonte e brasileira com suas promoções. Nunca deixei de ir à capital mineira prestigiar o amigo.*

Em muitas das minhas viagens internacionais o PCO estava junto. Hoje, ele, aos poucos, vai passando para os filhos Gustavo e Paulinho a direção de sua nova revista, a Viver Brasil, *a* Robb Report *(um ato de audácia dele e dos filhos em trazer para o Brasil a maior publicação para o mercado de alto poder aquisitivo) e o jornal* Tudo, *mas sempre atento às realizações deles. Se fosse continuar a falar sobre Paulo Cesar de Oliveira, ocuparia páginas e mais páginas desta sua biografia. Caladão, dificilmente dizia "não" para quem o procurasse, com atendimento sempre correto e seguro. E hoje somos colegas no* Jornal de Brasília, *onde passou a assinar semanalmente um artigo às terças-feiras, com grande repercussão. Este é o Paulo Cesar de Oliveira que eu conheço. Que soube dar a volta por cima em várias fases de sua vida jornalística, que eu resumo em três palavras: chegou, viu e venceu!*

Gilberto Amaral é mineiro de São Sebastião do Paraíso. É um dos precursores da crônica social na televisão, onde estreou em 1956. Passou pelos jornais Estado de Minas, Diário da Tarde, Diário de Minas e pelas revistas Silhueta e Do Rádio. É colunista do Jornal de Brasília.

Me chamem de repórter, por favor

Colunistas sociais, a despeito do estigma de que vieram ao mundo para cuidar de frivolidades, volta e meia surpreendem com furos jornalísticos. Eu, no exercício do colunismo, jamais abri mão da minha condição fundamental de repórter. Um dos grandes furos que dei foi uma entrevista exclusiva com o então presidente Fernando Collor, num momento em que seu governo vivia a crise a caminho do *impeachment*. Disso falaremos mais à frente.

Outra ocasião em que driblei toda a imprensa foi na indicação de Fernando Reis, então secretário da Fazenda em Minas, convidado a ser presidente da estatal Vale do Rio Doce, em 1974. A primeira notícia foi dada por mim, no *Diário do Comércio*. Manchete de capa! Chamada pelo Luiz Carlos Costa, então diretor de redação e hoje presidente do *DC*.

Há também uma passagem com uma pessoa com quem aprendi muito, o Heron Domingues, um grande jornalista, apresentador do *Repórter Esso* de 1944 a 1962, e nos anos 1970, âncora do *Jornal Nacional*. Numa época em que passou uma fase de queda profissional, ao fim do *Repórter Esso*, ali por 1969, João Nascimento Pires, dono do Banco Mineiro do Oeste, viabilizou um patrocínio do banco para o Heron lançar um programa na TV Tupi. *Heron com a palavra*, diariamente, igualzinho a um jornal.

O Milton Lucca, jornalista, meu amigo, era relações-públicas do banco. Então, o Heron pediu a ele que indicasse dois profissionais para serem correspondentes em Belo Horizonte. Ele indicou a mim e ao saudoso Délcio Monteiro de Lima. Eu trabalhava no *Diário Católico*. Houve uma ciumada. Um menino sendo correspondente do Heron Domingues! Fiquei amigo do Heron. Fui correspondente por dois anos, enquanto ele ficou na TV Tupi. Eu apurava notícias de política e economia e mandava. Eram veiculadas entre o noticiário do Rio, São Paulo, Brasília e Belo Horizonte.

Heron não era só um locutor. O gaúcho era um jornalista de ofício, sabia o que estava lendo, interpretava. E, na função de correspondente, fui muitas vezes ao Rio de Janeiro, participei de vários trabalhos. Além de conviver na noite carioca ao lado dele, como no Le Bistrô, que marcou época no Rio. Como aprendi!

Há uma história no mínimo curiosa, no dia da inauguração do Hotel Nacional do Rio de Janeiro, em 1970, em São Conrado. Saímos da inauguração, eu e o Heron, e fomos almoçar no Nino, um restaurante bacana na época em Copacabana. Estávamos almoçando, quando chega Walter Clark, o todo-poderoso da Rede Globo, com sua *entourage*. Foi nesse dia, bem ali na minha frente, que o Walter convidou o Heron para ser o âncora do *Jornal Nacional*, onde ficou até morrer, em 1974.

Amadurecendo a notícia

Em outros tempos – vejam como evito a palavra "antigamente"... –, as pessoas que assinavam as colunas tinham uma cumplicidade com quem informava. Era uma espécie de código de confiança. Isso era preservado. Uma notícia na área econômica poderia acabar com um grande negócio em gestação. Havia esse pacto. Hoje, não existe mais. Daí que alguma coluna tinha o privilégio de ter informação antecipada não só por sua legitimidade jornalística, mas porque soube preservar uma fonte, soube esperar o *timing* exato para trabalhar uma informação. É como se você se privasse da revelação agora, mas tivesse o benefício da exclusividade ali na frente. Não se trata de barganha, mas de maturidade para conduzir a linha de apuração sem atropelo.

Claro que algumas circunstâncias me deixavam por noites em claro, pilhado. Uma vez, houve essa solução negociada com o então presidente do Banco de Desenvolvimento de Minas Gerais, o José Hugo Castelo Branco (que depois foi ministro da Casa Civil e da Indústria e Comércio no governo Sarney), muito ligado ao Tancredo Neves, então governador de Minas, que já fazia sua escalada para ser presidente da República. O Aureliano Chaves, vice-presidente, estava rompido com o Figueiredo, e o Tancredo queria o apoio dele.

Aí o José Hugo me ligou: "Paulo Cesar, vamos amanhã a Três Pontas?". Perguntei: "Mas fazer o que lá?". Seguiu-se um silêncio ao telefone, eu imaginando que ele desistiria: "Vou levar você para presenciar uma conversa muito importante, que, possivelmente, vai ser uma grande notícia para você e para o país". Em tom de brincadeira, respondi: "Tá bom, eu queria ir pro Rio, mas, já que você quer ir a Três Pontas, nós vamos".

Fui. O tal encontro cercado de mistério. Chegando lá, fomos à inauguração, numa fazenda, de uma usina de açúcar do Cláudio Veiga Brito. O tempo passando, e daí o José Hugo confirmou: chegava a hora da conversa. E ela seria com o Aureliano. Me arrepiei, o calor subiu pelo corpo e o ritmo cardíaco foi se intensificando. Será que eu iria testemunhar algum passo histórico para o país no campo político?

Em síntese, era o seguinte: com José Hugo como interlocutor, Tancredo pediu que dissesse que era a hora de ele, Aureliano, sair candidato a presidente da República. Era vice, tinha um bom conceito. E sugeria que fizesse um grande pronunciamento à nação, assumindo a candidatura e denunciando desvios do Figueiredo. Obviamente que Tancredo adotou essa estratégia espertamente, sabendo que Aureliano não tomaria essa atitude. Mas, com aquele gesto, Tancredo tinha a convicção de que Aureliano ia passar a apoiá-lo. Voltamos, e fiquei com isso guardado por uns 15 dias, angustiado. À minha maneira, para fazer o cerco, monitorar, eu ligava diariamente. Até que o José Hugo ligou de volta. Aquele ar de mistério, ele sacramentou: "Pode dar a notícia: Aureliano apoia Tancredo".

Chamou a mim. Poderia ter convidado outro repórter político que fosse. É um tipo de reconhecimento e de maturação que a gente vai, ao longo da vida, conquistando. Eu já estava no *Estado de Minas* e no *Diário da Tarde*. Neste, publicamos com chamada de capa. Tancredo era um político muito esperto...

Hoje, com internet, o avanço da tevê, do rádio, seria quase impossível segurar uma informação como essa. E o mais curioso: atualmente é difícil ter furo. Quando há, se espalha com tanta rapidez que, no dia seguinte, ninguém mais sabe quem foi o responsável por ele.

Falando sobre o mundo virtual, cravo, de bate-pronto, que ele não vai tomar o lugar do papel. Jornal, revista, isso não vai acabar nunca. O virtual tem seu espaço, mas o papel tem sua importância: é documento. Por mais que haja os que afirmem que vai acabar, não acredito. É palpável. Por mais que haja meninos que não leiam o jornal, há outra geração que lê. E a internet, francamente, tem suas virtudes, mas virou um problema, porque aceita tudo.

Em compensação, quando deixei o *Hoje em Dia* e voltei a produzir minha coluna na revista *Viver Brasil*, adotei também o formato em blog, a coluna eletrônica. Me impressiono com a leitura. Fui a São Paulo visitar um diretor importante do Bradesco, o Ademir Cossielo, e ele disse: "Leio o seu blog diariamente". Pouco tempo atrás, o dono da Localiza, Salim Mattar, me mandou a informação: o blog é lido em São Paulo pelo Afif Domingos, que foi diretor da Associação Comercial de São Paulo, foi presidente do Sebrae e candidato à Presidência em 1989, hoje vice-governador de São Paulo. Então, vamos embarcando também nesta plataforma.

Dono de uma prosa provocadora

por Arlindo Porto

*A*o chegar a Belo Horizonte para o exercício do importante cargo de vice-governador, um modesto ex-prefeito de Patos de Minas, de apenas um mandato eletivo, me sentia meio solto aqui. Pouco a pouco, conheci pessoas maravilhosas, que se mantêm amigas até hoje. Por dever de ofício, fora do mundo político em que vivia, os primeiros a conhecer foram exatamente os jornalistas, de convivência diária e muita troca de informações e comentários. Dentre esses, reencontrei o Paulo Cesar, e daí em diante passamos a um contato mais constante em eventos, reuniões, festividades, homenagens – ele como profissional, eu como político estadual.

Eu já o conhecia desde Patos de Minas, quando eu era prefeito, por ocasião do casamento do Roberto, filho do montes-clarense José Carlos de Lima e Sueli, filha do patense e amigo Delvar Amâncio. Em 1991, ao me mudar para Belo Horizonte com minha família, eleito vice-governador na gestão do então governador Hélio Garcia, através do nosso amigo comum José Murilo Procópio tive oportunidade de conhecê-lo melhor. Nesses mais de 20 anos, nos tornamos grandes amigos.

Durante todo esse tempo, a amizade com PCO – permitam-me tratá-lo assim – só se consolidou, tornando-se sólida e sustentada em valores imutáveis.

Paulo Cesar marcou sua trajetória como um repórter de grande agudeza profissional, colunista de muita informação, cronista das coisas do mundo. Ele construiu, enquanto progredia na carreira, *uma rede inesgotável de informações, até hoje a alimenta e garante sua permanente presença e atualização. Além disso, PCO virou marca, tornou-se nome profissional e o próprio Paulo, belo-horizontino com raízes em Montes Claros, continuou sendo uma personalidade simples. Objetivo, autêntico e respeitado.*

Sempre que nos encontramos, o trato como Paulo. Vez por outra, quando me refiro a ele na presença de amigos comuns, relembro-o como PCO. Mas não é incomum saudá-lo, espontaneamente, como Paulo Cesar. Reconheço que a identificação mais forte que ficou, na referência ao jornalista, foi PCO, em Minas Gerais e fora do estado.

Ele sempre foi uma pessoa muito afável, cordial e dono de uma prosa provocadora. Em minutos, faz amigos pessoas que com ele convivam. Nossa identidade se somou exatamente porque sempre nos respeitamos. Crescemos nas pequenas divergências e somos fortemente nas concordâncias de pontos de vista e avaliação. Deu certo.

Os fatos nos aproximam, promovem encontros ou nos afastam temporariamente. A amizade é que nos estimula a não deixar que o outro suma no mundo. Sempre um de nós procura o outro, tal como faço – e fazem comigo – outros bons amigos que, graças a Deus, tenho. E são muitos. Nesse período, tudo o que exigiu soma de esforços, ações, apoio, solidariedade ajudou a nos tornar mais próximos. Ele, eu e muitos outros bons amigos.

Entendo ser a melhor qualidade do PCO a sua capacidade de fazer amizades e de mantê-las. Ele está presente, solidário, com uma palavra amiga, com o apoio indispensável e oportuno. Importante: o Paulo Cesar que está sempre junto é o amigo, o homem, o cidadão. O jornalista, o colunista, o empresário vitorioso são pedaços do Paulo Cesar. Diria até que são outras virtudes que ele construiu. Nós não somos amigos de ocasião, de momentos de glória, ou só de hora de sucesso, não. Somos amigos por inteiro, há mais de 20 anos.

E é uma felicidade grande ver o sucesso de iniciativas do Paulo Cesar como empreendedor, ao lado do Paulinho e do Gustavo, na promoção do Conexão Empresarial. Um êxito que se confirma a partir de debates mais amplos, mobilização mais forte a cada evento. Acredito que se fortalece com uma ação conjunta de todos os envolvidos – participantes, governos e instituições públicas e privadas – para a busca dos objetivos que, durante o Conexão Empresarial, são reconhecidos para o progresso e o desenvolvimento de Minas e do país.

Essas ações são oportunas, necessárias, agregadoras, ousadas e indispensáveis num mundo desafiador como o nosso, a exemplo dos projetos dele como empresário da comunicação. Sem uma imprensa livre, sem jornalistas capazes de filtrar os fatos para orientar o cidadão, sem a livre manifestação do pensamento, não há desenvolvimento. A criatividade do homem exige liberdade para que o seu conhecimento avançado seja oferecido a todos os outros que convivem na sociedade. E aí é que está a importância do veículo de comunicação, da imprensa, da mídia, que, sem o jornalismo crítico, corajoso, bem informado e culto, não existem.

Poderia contar várias histórias sobre ele, mas há uma em especial. PCO encontrou um amigo com o qual não se relacionava fazia tempos. Junto dele, um outro que se encontrara com ele no dia anterior. Vira-se para o que anda mais afastado e diz: "Você anda sumido. Me abandonou?". Ouvidas as devidas explicações, PCO vira-se para o outro e fala com aquele vozeirão meio escondido pelo extenso e bem aparado bigode: "Você anda sumido. Me abandonou?".

Arlindo Porto *é mineiro de Patos de Minas, onde nasceu em 1945. Foi prefeito de Patos de Minas entre 1983 e 1988. Vice-governador de 1991 a 1994. Ministro da Agricultura no governo Fernando Henrique Cardoso (1996 a 1998) e senador (1995 a 2003). É vice-presidente da Cemig.*

Um milico batendo à minha porta

Eu trabalhei por um longo período sob regime de ditadura. As pressões, naturalmente, não eram as mesmas das páginas do noticiário tradicional, mas elas existiam. E muitas vezes de formas que a gente não imaginava que poderiam ocorrer.

Como comecei no *Diário da Tarde* basicamente cuidando de clubes sociais, em 1965, não havia problemas. Depois, no *Diário Católico*, passei a formular uma coluna mais eclética. Nunca fui esquerda, nunca fui de movimentos, mas tinha amigos na esquerda. O fato é que dei uma nota na área empresarial que parece ter incomodado a alguém que conhecia os generais.

Na época, eu morava no hotel Del Rey. O telefone toca: "Paulo Cesar, um militar e outro senhor querem falar com você". No automático, pedi que subissem ao meu apartamento. Daí, fiquei me perguntando: "Puta merda, o que é que pode ser isto?". Tocaram a campainha, exibiram o jornal dobrado mostrando minha coluna e perguntaram: "Esta notícia que você deu aqui, quem te passou?". Olhei, recorri a evasivas. Não colou. Por fim, resolvi ser seco: "Não sei".

O sujeito do Exército franziu o cenho: "Não sabe?! Então, o senhor vai nos acompanhar". Pensei logo nos filmes policiais, naquela história do direito a um telefonema: "Então, vou telefonar antes". A reação aí foi dura: "Não vai telefonar não, vamos embora!". Lá fui eu para a ID4, a temida Infantaria Divisionária. Chego e logo querem saber quem me repassou a informação. Não dei. Fiquei lá umas quatro horas. Era como se, tecnicamente (esse jargão é esquisito...), eu estivesse detido.

Certamente a reação foi de alguém poderoso, ligado aos militares e que usou essa prerrogativa... Quando me liberaram, fui para o jornal. O dono e presidente do *Diário Católico*, Sérgio Neves, foi extremamente correto. Ligou para o general da ID4, Gentil Marcondes, e não fez rodeios. Protestou, disse que era um absurdo, que não admitia isso e que, se houvesse qualquer novo episódio envolvendo a questão, publicaria um editorial a respeito.

A verdade é que o cuidado e a preocupação foram aumentando. Mesmo com notas nós sabíamos que havia problemas e, com os militares dentro dos jornais, passou a vigorar a autocensura natural. Até porque não se pode chegar e falar o que você quer no jornal. E, no fundo, ninguém estava ali para dar murro em ponta de faca.

Aquele turco inesquecível

Fazia anos eu conhecia o mito. E, de longe, soava como algo intocável. Quanto mais inalcançável parecia, mais inspirador. Porque, para mim, foi o papa dos papas. Ninguém superou Ibrahim Sued. Dele ouvi muitas lendas, algumas confirmei, outras percebi que eram coisas bem próprias da construção de um personagem que estava acima da média. Ibrahim foi exatamente dessa forma, a ponto de ter se tornado referência até mesmo para alguém como Zózimo Barroso do Amaral, dono de um estilo completamente diferente. Falem o que quiserem do Ibrahim, mas é preciso reconhecer como ele marcou toda uma geração dentro e fora do colunismo.

Da primeira vez em que nos vimos, não poderia haver lugar mais emblemático: a piscina do Copacabana Palace. Fui lá passar um fim de semana e, por três dias, ele no papel de astro das rodas. Quem nos aproximou foi o empresário e diretor de banco Cássio França, que viveu muito em Minas. Assim como Ibrahim, Cássio era do Clube dos Cafajestes, a turma que infernizava as festas no Rio nos anos 1950. Era uma das figuras de quem o Ibrahim mais gostava.

O Ibrahim era um camarada, para muita gente, difícil. Era tido como grosseiro. Mas era grosso quando ele queria. Lembro, por exemplo, que ele tirava uma das cadeiras da mesa quando íamos jantar no Le Bec Fin, lá no Rio, que hoje se transformou numa boate, na Nossa Senhora de Copacabana. Ficávamos nós dois e a Simone Rodrigues, a mulher dele. Eu, atônito, perguntava: "Mas por que tirar a cadeira?". Ele fazia cara de empáfia: "Pra não sentar nenhum chato!".

Ele era desconcertante. Às vezes, intimidador. Mas dono de uma ironia fina, com toque clássico. Me chamava de Magnata. Quando me citava na coluna, era como o Magnata Paulo Cesar de Oliveira, entre aspas. Eu intrigado: "Mas por que Magnata?". Vinha a sutil provocação, em tom carinhoso: "Ah, Paulo Cesar, todo mundo fica aqui perguntando quem é esse Paulo Cesar de Oliveira, e digo: 'Ah, é um Magnata'". Eu insisto: "Magnata de quê?". Dá de ombros e completa: "Ah, Magnata das Minas Gerais, sei que você não é, mas tem pinta". Antes que eu fizesse cara de aborrecido, ele emendava: "Liga não, coloquei porque gosto de você e para encher o saco dos outros. E, se perguntam, confirmo".

Numa outra ocasião, ali pelo fim dos anos 1980, estávamos num almoço em Brasília. Com sua câmara, fez uma foto minha, publicou na coluna com a legenda: "PCO, o homem que não ri, dando um sorriso". Eu tive o prazer de estar em umas três grandes festas dele e em dezenas de eventos menores. Uma foi a da comemoração dos 30 anos de colunismo, belíssima, a *black-tie*. Foi um baile no Golden Room do Copacabana Palace. O Ibrahim, lá, era uma instituição dentro do Copa, que frequentava praticamente todo dia.

Essa convivência de aproximação se aprofundou nas várias vezes em que fui a jantares na casa dele, no apartamento em Copacabana, quase Ipanema, na Rua Joaquim Nabuco. A Belo Horizonte, ele veio num torneio de tênis que promovi. Depois, numa festa de meu aniversário. O cirurgião plástico Ivo Pitanguy era um dos presentes, além do ex-presidente José Sarney e do Cássio França.

O estilo franco e direto do Ibrahim às vezes era como um golpe na boca do estômago. Para que possam entender, revelo uma passagem. Separação é uma coisa sempre complicada. No primeiro casamento, eu estava com a ideia de romper e faltava coragem. Sentei um dia com Ibrahim numa pizzaria a que ele gostava de ir, em Copacabana, e abri: "Estou com problema, pensando seriamente em me separar". Ele respirou fundo, imaginei que iria me aconselhar, dividir angústias.

Veio na jugular: "Paulo Cesar, não me venha com essa conversa. Me separei há 15 anos. Esse mesmo papo que você está tendo comigo eu tive com o Silveirinha (que foi dono da Bangu Tecidos). Quando comecei, ele disse: 'Ibrahim, se você quiser se separar, isso é problema seu, um problema de cada um, uma decisão solitária, não fique perguntando pros outros, porque vai ter gente contra e a favor. Os contras são os que estão na mesma situação sua e não têm coragem de se separar. E o casamento tem o corporativismo. Sou solidário, mas a opinião é sua, é problema de quatro paredes". Nunca mais toquei no assunto.

Então, estar de volta ao Rio de Janeiro naquele outubro de 1995, quando ele morreu, foi uma missão para lá de difícil. Cheguei ao apartamento, aquele clima que não combinava com o Ibrahim. E a cena inusitada. Ele era casado com Simone Rodrigues, mas estava lá a Glorinha Drummond, ex-mulher, como se fosse a dona do defunto. E a Simone, simples, bacana, grande influência sobre o Ibrahim, ficou na dela. Eu ali pensei em muita coisa. Fiz uma oração. Que lhe reservassem um bom lugar. O Turco merecia. Atacado, gozado, elogiado, respeitado. Foi o grande nome do colunismo brasileiro.

Um lorde chamado Zózimo

Se o Ibrahim tinha a cultura da vida, Zózimo Barroso do Amaral era uma figura extremamente elegante. Ímpar. Eu tive uma ótima relação com ele. Se eu pudesse classificá-la, diria que foi fraterna. Não de amizade, como cheguei a ter com o Ibrahim, mas nos falávamos com uma frequência de quem era íntimo. Passava notícias para ele, ele passava para mim.

Eu me encontrei algumas vezes com ele no Rio de Janeiro. Um lorde, culto. De vez em quando, sumia, tomava uns porres, desaparecia. Quando ele já estava doente, fomos jantar no Antiquarius.

Lembro que fez uma referência em sua coluna, nos citando como uma "mesa de four de ases no Antiquarius". Estávamos lá o Sérgio Figueiredo, um velho jornalista do Rio de Janeiro, Paulo Marinho, Paulo Cesar Santiago, empresário de Montes Claros, e eu. Tinha uma deferência especial com a gente.

O que poderia parecer surpreendente, mas não era, justamente por causa de seu estilo, é que ele participou do jantar, mas não se citou. Era um papo agradabilíssimo, culto.

Muito bacana. Dois dias depois de ter dado a nota, foi internado para se tratar do câncer. Cheguei a telefonar no período em que partiu para o tratamento em Miami, onde morreria em 1997. Conversávamos sobre a vida.

Um *gourmet* com educação e conhecimento

por Valmir Pereira

*B*eliscão foi meu primeiro restaurante, mas eu tinha passado pelo Copacabana Palace e fiquei no Le Bec Fin, de 1982 a 1997, onde fui promovido a maître e a sommelier. Foi lá que conheci o Paulo Cesar de Oliveira, que às vezes chamo de senhor Paulo, mas trato mesmo é por PCO, que é uma marca dele.

O restaurante ficava na Avenida Nossa Senhora de Copacabana, 178, no Rio de Janeiro. Durou 40 anos. Por lá, o Paulo sempre gostava de pedir um dos pratos especiais: rins de vitela flambados no jerez, um vinho branco seco, muito aromático. O Ibrahim Sued também gostava. Entre os meus pratos está um já campeão da modalidade no Rio, quando servimos camarão flambado à princesa Diana e Charles, no Copacabana.

Mas o Paulo não é um homem de um prato só. Ele sempre me pede uma sugestão e sempre vario. No caso dos vinhos (ele gosta de tinto), um italiano, chileno, argentino. É para dar a ele o sentimento de viajar por outras regiões do mundo. Um tinto leve que harmonize bem com os rins de vitela. Às vezes um malbec, carménère. Com camarão, frutos do mar, sugiro um branco. Para um baby beef, voltamos ao tinto.

Se tivesse que defini-lo, diria que é um *gourmet* com educação e conhecimento grande. Tenho o maior prazer em servir uma pessoa *quando ela entende dessa arte. Ele já esteve por aqui em noites de mesas com Pelé, Ulysses Guimarães, Roberto Marinho, Cláudia Raia, Bibi Ferreira. Acompanho seus passos desde os anos 1980. "Chegou o Ibrahim Sued de BH", sempre falávamos. É um ícone do colunismo, uma pessoa muito querida. Quando o conheci, eu ainda trabalhava como garçom.*

Como bom mineiro, o PCO chega com humildade. É carinhoso comigo, com todos os garçons. Tem carisma. Tiro o chapéu, porque, depois de Ibrahim, Zózimo, acho que ele é um top. Jornalista muito respeitado. Paulo Cesar é dessa escola, que marcou muito nos anos 1970 e 1980.

Quando vêm os amigos de Minas, estes logo antecipam: "Viemos por sugestão do PCO". E eu respondo: "Coloco o tapete vermelho para vocês". Dá um orgulho, porque minha caminhada foi bem longa até chegar onde cheguei. Saí o município de Cariré, no Ceará, aos 18 anos, num pau de arara. Enfrentei fome, seca, falta de luz. Trabalhei em diversas áreas dentro da gastronomia. Comecei lavando pratos, fui garçom, depois maître e sommelier. Eu acompanhei a abertura do mercado de vinhos no Brasil, a criação da Associação Brasileira de Sommeliers, onde sou conselheiro, já viajei para vários lugares, como Grécia, Itália, Canadá, França, Argentina, Chile. Busco o constante aperfeiçoamento. Estou nessa profissão há mais de 20 anos. E, praticamente, 40 de Copacabana.

Faço tudo com prazer e, graças a Deus, tenho boas recordações. Eu me lembro de uma vez, no Amici, a cantora Bibi Ferreira ao lado dele, com a neta. Me chamou e sugeriu: "Valmir, tira uma foto da Bibi com você". Levei ao Copa, onde ele estava hospedado. Publicou na coluna dele em BH, no jornal Hoje em Dia. *Eu recortei, trouxe para o restaurante, revi a Bibi, mostrei a ela. Ela ficou muito feliz, virou minha cliente. O que eu sempre digo é que, com o carisma dele, PCO é uma referência e tanto para muitos clientes que chegam a nossa casa. Me deu e me dá apoio. Tenho carinho especial por ele.*

> **Valmir Pereira** *é cearense de Cariré, onde nasceu em 1956.* Maître e sommelier, *passou pelo Le Bec Fin e pelo Copacabana Palace. Foi um dos proprietários do Amici, no Leme, Rio de Janeiro. É um dos sócios do La Fidúcia, em Copacabana.*

Galeria

PCO e o ministro José Hugo Castelo Branco.

Presidente
José Sarney
e PCO.

O saudoso
ministro Oscar
Dias Correa
e PCO.

PCO e o
presidente
João Batista
Figueiredo.

Dona Elza vestida de Mamãe Noel (como fazia todos os anos) com os filhos: PCO, Tereza Cristina, Roberto Luís, Luís Felipe e José Eymard.

O saudoso jornalista e escritor Roberto Drummond e PCO.

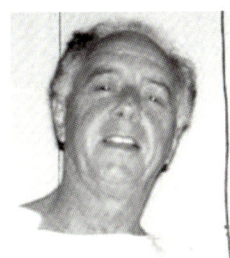

O jornalista Eduardo Costa, o ministro Paulo Paiva e PCO.

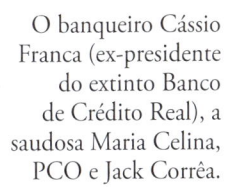

O banqueiro Cássio Franca (ex-presidente do extinto Banco de Crédito Real), a saudosa Maria Celina, PCO e Jack Corrêa.

O jornalista
Humberto
Alves Pereira
e PCO.

Laizinha, Laís
e o deputado
estadual
Arlen Santiago
e PCO.

PCO, Cláudia Gonçalves e Bernardo Paz.

Margarida Garcia e PCO.

Antônio Telles e PCO.

PCO, Francelino Pereira e Wilson Frade.

Lúcio Costa, PCO e
Lincoln Sabino.

PCO e Fernando Telles.

Luiz Felipe, Maria Celina e
Elza Silva Lopes de Oliveira

PCO entre Carlos Henrique Frauches e Flávia.

Edmundo Lanna, Marcos Valle Mendes e PCO.

Jair Negrão de Lima, Pedro Aguinaldo Fulgêncio e Tancredo Neves.

PCO, José Hugo Castelo Branco e Carlos Carneiro Costa.

Jacéia Abi-Ackel, Hildegard Angel e PCO.

PCO e Elza Silva Lopes de Oliveira.

Eduardo Ballesteros, PCO, Leonardo Fulgêncio, Hermenegildo Gomes da Silva e Fábio Doyle.

PCO, Eduardo e Rosana Ballesteros e Camilo Teixeira da Costa.

PCO, Hilton Rocha e Tancredo Neves.

Leonor de Oliveira, José Sarney e José Aparecido de Oliveira.

PCO, Theodomiro Paulino e Lúcio Bemquerer.

O diretor do Liberty Hotel, Celso Morandi, os irmãos Luís Felipe e Roberto Luís Lopes de Oliveira e o saudoso publicitário Gilberto Siqueira.

PCO e Zózimo Barroso do Amaral.

Ivo Pitanguy
e PCO.

Eliana Pittman
e o jornalista maranhense
Pergentino Horlanda.

José Aparecido de Oliveira, Carlos Eloy Guimarães, José Sarney, Ricardo Vicintin, José Santana e PCO.

PCO, Hélio Garcia, cel. Abrahão Magalhães e Silviano Azevedo Cançado.

Leonardo Fulgencio, senador Pedro Simon e sra. e PCO.

Ricardo Fernandez Silva com seu filho Ricardo e Paulo Cesar e seu pai PCO.

Leon, Angela Braga Magarian, PCO e Tânia Ramos, em Nova York.

Aparecida Lopes Cançado, PCO e Fernando Chabert, hoje presidente executivo da Rede Othon de Hotéis.

PCO, Paulo
Maluf, Gerardo
Renault e
Carlos Eloy.

Lúcio Vasconcelos
Lanna e Souza,
Maria Lúcia
Costa, PCO e
Lourdes Vasconcelos.

PCO e
Edma Frade.

Paulo de Tarso Flecha de Lima Jr., Juarez Machado, PCO e Wilson Frade.

PCO, Milton Reis, Arlindo Porto e Maria Coeli Porto.

Gilberto Faria, Ozanan Coelho e PCO.

JK cruzou o meu caminho

Eu pego a foto às mãos. Em preto e branco. Inauguração do Colégio Marista São José, numa Montes Claros de 1957. Lá está ninguém menos que o presidente Juscelino Kubitschek cortando a faixa inaugural. Perto, mas bem pertinho dele, estou eu, aluno da primeira turma do ginásio. O restante das crianças aparece ao fundo. Para alguns, pode parecer coincidência. Para mim, um presente, uma bênção, um sinal, apesar de, à época, eu não entender o significado e a honra de estar ao lado de alguém como JK, nosso maior estadista.

Voltaria a encontrá-lo anos mais tarde. O ex-presidente da República, de volta do exílio e em Belo Horizonte, passou uma noite pelo bar do hotel Del Rey, onde eu morei de 1967 a 1974. Tive o privilégio de ficar boas horas com o saudoso, o grande Juscelino Kubitschek. Estava com seu amigo Carlos Murilo Felício dos Santos, deputado que trabalhou com ele, e Serafim Jardim, braço direito, fiel companheiro, que fez a Casa JK em Diamantina. Pude me sentar ao lado de um homem fascinante. Eu estava magnetizado, foi uma experiência marcante.

Uma das coisas que perguntei foi sobre a repetição sistemática de um termo que ele usava, para o qual cabia dupla interpretação: curriola, que é turma, numa gíria estudantil, e corriola, que tem significado pejorativo, de quadrilha, bando. Me recordo de sua serenidade para responder. As pernas cruzadas, as mãos apoiadas sobre elas. "Você sabe que, quando a gente ocupa uma posição, puxa-sacos não faltam. Então, você tem que manter uma curriola, os amigos que independem de você, aqueles com quem você convive, que são três, quatro, cinco, e eles te falam as verdades que ninguém que está em volta fala".

Fiquei olhando para ele, pensando em sua grandeza, na capacidade de transformar o Brasil. Um homem bom. Eram os anos de chumbo e, naquela noite, dormi acreditando que um dia o país voltaria a encontrar o veio da democracia e da esperança.

Da posse para o mundo

Na primeira posse do Fernando Henrique Cardoso, fui passar o *Réveillon* no Rio de Janeiro. Ele receberia a faixa de Itamar Franco em 1º de janeiro. Eu estava com o saudoso José de Castro Ferreira, que havia sido advogado-geral da União com Itamar, tomando um drinque num bar em Copacabana. Apareceu o ex-ministro e ex-embaixador José Aparecido. Tinha um avião à disposição dele para seguir a Brasília. O Zé, que havia ocupado a embaixada em Lisboa, iria levar o ex-primeiro-ministro e ex-presidente de Portugal Mário Soares e nos convidou. Fomos juntos.

Chegamos a Brasília e rumamos diretamente para o Palácio dos Despachos, aquele clima de festa, mas também de alta segurança. Se tivesse me credenciado como jornalista, não teria o acesso que eu tive. Estava com o Zé de Castro, fui adentrando e, quando olhei, estava entre as autoridades, andando livremente. No momento em que o Itamar passou a faixa para o Fernando Henrique, me aproximei da saída do parlatório, e o que aconteceu? A primeira pessoa com quem deram de cara foi comigo. Levava minha maquininha, tirei uma foto e os cumprimentei. E essa imagem foi para a televisão. Um amigo em Paris viu, me ligou. Dos Estados Unidos liga outro. Estava no lugar certo, na hora certa.

Já havia participado das posses do José Sarney, do Fernando Collor, assim como estaria nas do Lula, mas nessas fui apenas à recepção, no Itamaraty. Nesses encontros, houve os cumprimentos formais. Mas ficar cara a cara com um presidente da República, qualquer que seja ele, impressiona. Mesmo aqueles não eleitos, como Geisel e Figueiredo, com quem também estive.

A Dilma Rousseff, por exemplo, ainda como candidata, esteve em Tiradentes, na Conexão Empresarial, que nós fizemos por nossa revista, a *Viver Brasil*, em junho de 2010. Já parecia mesmo que ela iria ganhar. Tinha um ar todo especial em volta. Sentei ao lado dela, almoçamos comida mineira feita pelo Cantídio Lanna, e, apesar de sua simplicidade, era diferente, estava ali uma futura presidente da República. Falamos de coisas corriqueiras, como as lembranças do Colégio Estadual, onde ela e eu estudamos. Estar a um toque de presidentes, confesso, é coisa que balança a gente.

Um estilo de jornalismo diferente

por José Santana de Vasconcellos

Sempre admirei o trabalho do Paulo Cesar desde o começo. E gostava porque não era uma coluna social que imitasse o estilo dominante naquela época. Ele fugia do que era fútil. Havia notícias políticas, econômicas, entre outros assuntos importantes. Em sua coluna, ele prestava informações úteis ao poder público, com boas sugestões e entrevistas significativas. Não era um jornalista que se limitava a falar de vestidos, joias...

Conheci o Paulo Cesar muitos anos atrás, em meados dos anos 1960, quando ele iniciava a carreira como colunista no Diário Católico, passando ao Diário de Minas, Diário do Comércio, Diário da Tarde, Estado de Minas e Hoje em Dia. Ele estava sempre presente nos grandes acontecimentos da capital mineira.

O grande acerto do Paulo Cesar, na minha opinião, foi praticar um estilo de jornalismo diferente, com características próprias e opiniões certeiras. E isso aconteceu ao longo de toda a sua carreira, tornando-se uma marca registrada do seu trabalho.

Ao longo dos meus 40 anos de mandato parlamentar, sempre apoiou os bons projetos em favor de Minas e do Brasil. Ele é um guerreiro na defesa dos princípios que até hoje norteiam a sua carreira. Um dos grandes colunistas que Minas Gerais e o Brasil já tiveram, ele sempre trabalhou guiado pela missão de informar para fortalecer a democracia. E isso sempre fez – e ainda faz – muito bem.

Pensando no Paulo Cesar, várias coisas me vêm à mente, como os bailes inesquecíveis promovidos por ele. Fui a muitos.

Lá, tínhamos a oportunidade rara de dançar e, melhor do que isso, reencontrar os amigos.

Sempre que tenho a oportunidade, digo a meus colegas que um grande empreendedor, um profissional que tem sucesso na vida precisa mais do que acreditar em sua capacidade. Precisa mais do que ser inteligente. Precisa, acima de tudo, ter garra. E isso também não falta ao Paulo Cesar.

Ele jornalista, eu político, houve um caso sobre o qual fico rindo, relembrando assim a distância. Acho que faz uns 30 anos. Foi quando eu costurava minha candidatura à presidência da Assembleia Legislativa, no início da década de 1980. De folga, estava indo a São Paulo com minha mulher, Lourdes, e por coincidência o Paulo Cesar viajou ao nosso lado. Conversa vai, conversa vem, ele soltou a pérola: "O Palácio está trabalhando contra sua candidatura". Eu ouvi, neguei, mudei de assunto.

Já no hotel, a Lourdes me questionou: "Ele é seu amigo, é bem informado, por que é que diria uma coisa dessas?". Respondi: "Porque é verdade". Ela se surpreendeu: "Mas, se é verdade, por que você negou?". Eu expliquei que havia tomado uma atitude política: "Se eu falasse que era aquilo mesmo, ele publicaria, alertaria o outro lado e não sei se a gente ganharia". Se a tática ajudou ou não, fica para o campo das hipóteses. O fato é que fui eleito com 80% dos votos.

José Santana de Vasconcellos *é mineiro de Alvinópolis, onde nasceu em 1939. Advogado, empresário e produtor rural, foi eleito para quatro mandatos como deputado estadual e seis como deputado federal. É vice-presidente do Banco de Desenvolvimento de Minas Gerais (BDMG).*

Exclusiva. E com o presidente!

Ele estava à vontade, de roupão. Era um roupão branco. A possibilidade da entrevista havia surgido quando Fernando Collor de Mello veio passar um fim de semana em Araxá, no Grande Hotel, lugar que ele frequentava desde menino. Gilberto Amaral, jornalista e colunista, amigo meu e do presidente, estava com a comitiva. Peguei o telefone e arrisquei: "Você poderia ver com o presidente Collor se ele daria uma entrevista para mim, para o caderno Fim de Semana, do *Estado de Minas*?". Era um sábado. No dia seguinte, o Gilberto me retornou a ligação. "O presidente concordou, você pode vir amanhã, segunda, que ele vai dar a exclusiva para você."

Eu já conhecia Fernando Collor antes da presidência, como prefeito de Maceió. Nos vimos pela primeira vez na casa do Gilberto Amaral. Depois, esteve em Belo Horizonte como prefeito, como governador. Tivemos vários contatos. Eu diria que a campanha presidencial dele foi gloriosa, esperançosa. E ele estar ali em Araxá podia ser visto como algo emblemático. Afinal, há a história de uma cartomante da região, chamada Maria do Correio, que vaticinou, quando Collor tinha 16, 18 anos, que ele chegaria à Presidência da República.

Com o encontro agendado, pensei em como iria, porque seguir de carro, àquela altura, seria difícil. Liguei para um amigo, Lincoln Sabino, na época empresário da construção pesada, que tinha um avião. Expliquei e ele foi extremamente generoso. "Perfeito, não tem problema nenhum. Pode marcar que amanhã a aeronave estará lá te esperando." Então, chamei o Carlos Gropen e a Mirtes Helena, jornalistas que trabalhavam comigo no caderno. A Mirtes não tinha nenhuma simpatia pelo Collor e saiu de lá encantada com ele.

Chegamos ao Grande Hotel, a imprensa toda no hall. Ele não havia falado com ninguém. A entrevista foi publicada no caderno Fim de Semana. Ficamos umas três horas com Collor. Ele era realmente uma figura que, na época, impressionava. Se não tivesse acontecido o que aconteceu, talvez estivesse aí até hoje. Agora é senador, mas poderia ser mais. No seu governo, abriu o mercado e a indústria automotiva nacional cresceu com a chegada dos importados. Ele já havia passado de um ano e meio de governo e alguma coisa da crise então pipocava.

A conversa foi na suíte presidencial. Ele não se furtou a falar sobre nada. Me tratou como se eu fosse velho amigo, uma deferência, porque a imprensa brasileira estava toda lá na porta. Tinha realmente pose de presidente da República. Conversamos três horas sobre tudo. Economia e política, principalmente. O *impeachment* dele foi uma decepção para muita gente. Mas ele fez por onde. Ele não comprou o Congresso. Não compôs. Após o Collor, o Itamar, veio o Fernando Henrique, e o que ele fez para conseguir os oito anos de governo? Comprou, barganhou. Já o Collor não queria comprar ninguém. Conheço gente que se ofereceu e ele não comprou. O próprio FH, depois, ganhou oito anos. O presidente Lula, um fenômeno, no final do primeiro mandato, com o escândalo do mensalão, achava que não ia se reeleger. Foi reeleito e saiu com uma aprovação de quase 90%.

Aos derrotados, café frio

Identificar os sinais de candidato derrotado não é difícil para quem esteve diante de tantas experiências políticas. Por circunstâncias profissionais e institucionais, alguns cruzaram meu caminho. O fracasso se enxerga nos olhos e em muito do que cerca o político. Nas eleições presidenciais de 1989, por um curto tempo davam o Afif Domingos, candidato do PL, como a bola da vez, a sensação. Mas ele não tinha condições. Conto um episódio de um jantar em meu apartamento na Rua Tomé de Souza, na Savassi. A pedido do professor Aluísio Pimenta, ministro da Cultura no governo Sarney, reuni um grupo de empresários. Conheci o Afif naquele dia.

Já passava das 22 horas e ele não havia conversado com ninguém. Acho que, para quem pretendia ser presidente, deveria falar com cada um, para explicar seus projetos. Nada. Ficou com conversas genéricas. Chamei o professor Aluísio e perguntei, reservadamente, se não haveria um encontro para, cara a cara, revelar o que ele proporia ao Brasil, como viabilizaria as propostas, qual seria papel da iniciativa privada. E a solicitação de ajuda à campanha. Enfim, dizer a que vinha. Ele foi ao Afif e este pediu que reuníssemos todos, porque ele iria "fazer uma palestrinha". Acabou conversando isoladamente com os empresários, mas um diálogo sem graça. Concluí de pronto: esse homem não vai ser presidente da República. Subiu, patinou, patinou e acabou com a sexta votação.

Isso me faz lembrar outro caso, o do Eliseu Resende, ministro dos Transportes do governo Figueiredo, de 1979 a 1982, e candidato do PDS ao governo de Minas, apoiado pelo Francelino Pereira. Eliseu, do PDS, concorria com o Tancredo Neves, do PMDB. Com um conhecido, fomos à casa dele, em Brasília, num domingo, uns 15 dias antes que ele se desincompatibilizasse. Falou sobre os projetos, jantamos, continuamos batendo papo, saímos de lá quase 2 horas da madrugada. Foi quando meu colega falou: "Esse aí não vai". Mas como não, se é candidato do general Figueiredo, ministro de Estado, apoio do Francelino? A leitura foi simples: "Olha só, já são quase 2 horas da manhã. Ficamos lá esse tempo todo, das 19h30 até a madrugada, e nenhum telefonema". E realmente não foi.

Nesse período, eu trabalhava no *Diário da Tarde*. Tinha ido a Montes Claros, andei pelas ruas, pelo mercado e colhi mais evidências do fiasco. Num sábado, na exposição agropecuária, saí perguntando a 40 pessoas, populares: "Se a eleição fosse hoje, em quem você votaria?". Trinta e seis disseram que votariam no Tancredo, duas disseram que votariam no Eliseu e duas estavam indecisas. Aí, na volta, produzi uma nota, que saiu numa terça-feira, dizendo que uma pesquisa feita em Montes Claros apontava a vitória do Tancredo. Foi um deus nos acuda.

O Tancredo ligou para agradecer, porque a imprensa estava meio contra ele. Coincidentemente, naquela noite, fui a um jantar na casa do Rodrigo Mineiro, na época diretor do jornal *O Globo*, em Minas. Era um jantar do qual participava o Eliseu. Lá fui eu. O Eliseu estava puto. O publicitário dele, nem me lembro quem era, veio me questionar, bravo, que pesquisa era aquela. Respondi a ele: "Eu mesmo fiz". Ficou enfurecido: "Você está desinformado, pesquisa não se faz assim". Claro, eu sabia, conhecia os critérios técnicos. O fim da história é que o resultado, em Montes Claros, foi bem próximo da enquete.

Há outra com o Eliseu. O Carlos Chagas, cronista político, na época *top* na área, veio fazer uma palestra no Sindicato dos Jornalistas. Preparei um jantar lá em casa, o chamei e convidei a crônica política. Convidei o Eliseu, candidato, para que também fosse. Havia uma resistência dos cronistas a ele. O jantar estava marcado para 22 horas. O Eliseu me aparece às 8h45. "Mas não tem ninguém?", foi logo questionando. Estava com o Jorge Mota, um assessor. Respondi a ele que relaxasse, porque seria às 22 horas. Ele vira para mim e reclama: "É, Paulo Cesar, é muito difícil esse negócio de ter que ternurar político e jornalista". Eu profetizei: "Então, você não vai ser governador de Minas". Não foi.

Um pedido do Tancredo

Durante muitos anos – cerca de 20 – o senador Tancredo Neves amargara a derrota que lhe impôs o banqueiro Magalhães Pinto ao governo de Minas. Mas Tancredo não deixou a poeira baixar. Em 1980, sua candidatura ao Palácio da Liberdade começou a ser articulada.

A eleição seria em 1982, as primeiras para governador depois da fase mais dura da ditadura, e ele derrotou Eliseu Resende, apoiado pelos governos federal e estadual. Tancredo tinha gente como Leopoldo Bessone, José Hugo Castelo Branco, Hélio Garcia, entre tantos outros, trabalhando na campanha. Foi eleito, iniciando sua escalada para a Presidência da República, que ganhou mas não levou.

Quatro meses como governador e eu publiquei uma nota na coluna do *Diário da Tarde*: "Tancredo será candidato a presidente". No mesmo dia, recebo um telefonema da sua fiel secretária, Antônia Gonçalves de Araújo, que se notabilizou como dona Antônia, a poderosa, dizendo que o Tancredo gostaria de falar comigo. Perguntei "quando?" e ela respondeu: "Hoje, na hora em que puder". Combinamos às 16 horas, e quando cheguei ao Palácio da Liberdade, Antônia me recebeu e disse que doutor Tancredo me aguardava.

Na conversa, a mais amável possível, ele foi curto e grosso: "Paulo Cesar, sei que você me ajudou a chegar aqui. E você quer que eu seja presidente da República?". Eu respondi: "É claro, governador". Ele disse: "Caro Paulo Cesar, então, a partir de hoje, por favor, não escreva mais que sou candidato a presidente, pois pode é atrapalhar". Não toquei mais no assunto até o dia em que ele me falou: "Agora já sou candidato e vamos ganhar". Por algumas vezes, ele foi jantar no meu apartamento da Rua Tomé de Souza para conversar com pessoas que convidei de outros estados para apoiá-lo.

Neto, presidente da Câmara, governador

Após a morte de Tancredo, que deixou muita gente abalada, seu neto Aécio lançou-se candidato a deputado federal em 1987 e teve uma excelente votação, a maior em Minas, com quase 240 mil votos. Como deputado federal, e contra a vontade do então presidente Fernando Henrique – eram do mesmo partido –, elegeu-se presidente da Câmara dos Deputados em 2001. Em 1992, disputara a prefeitura de Belo Horizonte, mas foi derrotado.

Aécio veio a ser eleito governador em 2002 e um dos seus maiores acertos foi indicar o hoje governador Antonio Augusto Anastasia para ser seu secretário de Planejamento. Com toda a liberdade, Anastasia implantou o choque de gestão, já que Aécio sucedeu Itamar Franco, que deixou o estado em frangalhos. Eles ajustaram a máquina pública e as medidas tornaram-se referência até mundial. Anastasia foi a melhor escolha, tanto que, de vice, sem disputar nenhuma outra eleição, tornou-se governador de Minas.

Quando ele ia ser confirmado como vice, fiquei sabendo antecipadamente da informação. Ele mesmo fingia não haver nada articulado. Ou não acreditava. Fiz uma aposta com um amigo de que ele seria o vice, com o Aécio abrindo mão do nome do primeiro mandato. Ganhei uma caixa de Don Perignon, que servi em minha casa num jantar para o Anastasia. O perdedor estava presente. Até hoje ninguém sabe quem foi a fonte. Não contei. Nem vou contar. E o vice-governador, hoje governador, ficou bem curioso para saber.

Uma noite com o senador Thales Ramalho

Uma das figuras exponenciais da política brasileira foi o deputado e senador Thales Ramalho, morto em 2004, aos 81 anos. Ele tinha verdadeira adoração por um político mineiro, o ex-deputado e ex-ministro Leopoldo Bessone. Num sábado de 1985, o então deputado federal Bessone me liga e convida para jantar com seu colega Thales Ramalho. Na verdade, não foi um jantar e, sim, uma noitada que começou às 19 horas e foi até a manhã, ali pelas 9 horas. Acreditem, ininterruptamente. Iniciamos a via-sacra no tradicional Bar do Primo, em Lourdes. No grupo estavam a ex-mulher de Leopoldo, a Relines (hoje comandando o Bar do Primo, que era de seu pai), a fiel escudeira e secretária de Tancredo, dona Antônia, e eu.

De lá fomos até o restaurante do Cruzeiro e a noite foi terminar no Janela da Saudade, casa de música e dança que ficava no início da Avenida Nossa Senhora do Carmo, e tinha como um dos donos Gilberto Santana, que pontificou com seu conjunto nos bailes da vida, principalmente do PIC Pampulha.

Foi uma noite, tenham certeza, em que aprendi muito sobre a política brasileira a partir dos casos contados por Thales. Adoentado, mesmo na cadeira de rodas, ele se levantava e ia dançar com a mulher, Helena. Anos mais tarde, no casamento de Leopoldo Bessone com a classuda Izabela Mercadante, no Buffet Catharina, o já senador Thales Ramalho veio para a recepção. Atravessou a noite, a madrugada e varou a manhã. Izabela e Leopoldo passaram para se despedir, o papo foi se prolongando... Acabaram perdendo o voo de lua de mel para a Europa.

De pequenas derrotas a vice-presidente

Conheci José Alencar Gomes da Silva muito antes que ele entrasse na política, ainda como empresário, desenvolvendo a sua Coteminas, que criou em Montes Claros ao lado do industrial Luís de Paula Ferreira. Comerciante que iniciou a vida em Ubá, José Alencar, logo que chegou a Belo Horizonte, iniciou um bom convívio com os empresários da capital, frequentando entidades como a Associação Comercial, onde tentou a presidência e foi derrotado por Francisco Guilherme Gonçalves. Um de seus cabos eleitorais era o Paulo Roberto Brandão. Dali foi um pulo para a Federação das Indústrias, a Fiemg, onde alcançou a presidência para então chegar à política.

Turbinado pelo dinheiro das suas empresas, Alencar quis ser governador de Minas em 1994, apresentou-se na convenção do PMDB e foi homologado. Num destes momentos, fui visitá-lo, conversar sobre sua candidatura ao governo, argumentando que era quase impossível ganhar. Como dizia o saudoso governador Ozanan Coelho, "em política, tem que sargentear". No encontro, lembrei a Alencar o ensinamento do seu amigo Ozanan. Ele, porém, não estava disposto a ouvir ninguém. Sei que, durante um tempo, ficou meio agastado comigo por ter lhe dito a verdade. Perdeu. Eduardo Azeredo (PSDB) bateria Hélio Costa (PP), no segundo turno.

Depois, candidatou-se ao Senado e, com o apoio do presidente Itamar Franco, elegeu-se com mais de 3 milhões de votos. Foi no Senado que Lula, de novo candidato à Presidência da República, conheceria José Alencar. Quem lhe chamou a atenção sobre o mineiro foi o ex-ministro

José Dirceu. A verdade é que Alencar foi um avalista de Lula, de quem foi vice-presidente por dois mandatos, junto ao empresariado e à classe média. Tive a oportunidade de dizer isso a ambos, depois de eleitos.

Nos últimos anos de vida, Alencar travou uma luta feroz contra o câncer. Em vida, um de seus atos lamentáveis talvez tenha sido a recusa em fazer o teste de DNA de uma filha que teria nascido ainda nos seus tempos de Muriaé. E, empresarialmente, foi abençoado: o filho, Josué, assumiu com competência seus negócios e alavancou ainda mais a Coteminas, hoje o maior grupo têxtil da América Latina.

Um homem sem medo do recomeço

por Leopoldo Bessone

*L*á se vão uns 40 anos desde nossos primeiros contatos. Logo que nos aproximamos, tivemos uma afinidade muito grande e, ao longo da vida, fomos transpondo os obstáculos possíveis. A amizade é a mesma. Não há nenhum fundo profissional ou de outro interesse que não seja a relação de amigos.

Fico pensando em por que admiro o Paulo e, por tantas coisas, uma delas diria que é por sua tenacidade, pela sua criatividade, poder de luta. De vez em quando, aparecem barreiras que parecem intransponíveis e pensamos: o Paulo não sai dessa... E ele sai na frente, vitorioso, como um guerreiro. É um homem que não tem medo do recomeço. Ao longo da vida, quando deixou o Estado de Minas, passou para o Hoje em Dia, criou uma revista de repercussão nacional, e quando dela saiu, criou uma que já tem o seu lugar no cenário nacional.

A toda hora se vê um acontecimento novo, como a empresa de referência, a VB Comunicação, com conferências, debates. Não se restringe à vida de jornalista. Passou a empresário e debatedor.

Minha primeira lembrança jornalística dele é na fase do Diário do Comércio. A marca já era a do jornalista do furo. Trabalhava, conversava, procurava, fustigava. Em qualquer coluna do Paulo, você encontrava citação de um furo, algo que iria acontecer. Penso que ele cresceu muito a partir disso. Nós, além do prazer, começamos a ler a coluna na expectativa de encontrar ali uma informação que fosse útil do ponto de vista empresarial ou político. E percebi que ele começava a fazer uma cadeia no Brasil. De vez em quando, dava informações sobre São Paulo que jornalistas de lá não tinham.

Mas ele soube também trabalhar a coluna social num tempo em que ela tinha outro significado. Mexia com a vaidade dos outros, e o Paulo sabia como fazer isso. Tinha um pouco do Zózimo Barroso do Amaral, de dizer em poucas palavras algo que repercutia.

Os anos foram passando e ficamos muito íntimos. Nos falávamos muito. Às vezes, passava algo em off para ele, ele passava uns offs para mim. Isso ajudava a carreira dele e a minha.

Se me perguntarem como explicar nossa amizade, eu diria que essa coisa de amizade não se explica, acontece. Eu não era ainda político. Ele não era ainda jornalista de nome. Na afinidade, no jeito de conversar, fomos nos aproximando. Acho que houve uma admiração recíproca, esse respeito alicerçou a amizade. Nas diversas fases da vida, ele sempre me frequentou, eu sempre o frequentei.

Defeitos nós todos temos. Mas ele nunca me desamparou. Fui deputado, secretário, ministro, hoje não sou mais e a fidelidade da nossa amizade permanece. Quando sumo, ele me liga. Saímos para jantar. Ele, se deixar, toda semana quer sair para jantar. Às vezes, quatro vezes num mês. As conversas rodam, rodam, rodam e acabam girando em torno de política, por mais que a gente tente sair do assunto.

E, quando a questão é jornalismo, tenho que revelar que eu era um informante nobre. Dei a ele muitos furos. Alguns até depois da política. Me lembro que antecipei a ele o discurso da resposta que o Antônio Carlos Magalhães daria ao então ministro da Aeronáutica do governo Figueiredo, o brigadeiro Délio Jardim de Mattos. Délio iria à Bahia e, no discurso, chamaria Antônio Carlos de corno e tudo o mais. O Tancredo intercedeu, o Délio abrandou o discurso. Mas, ao mesmo tempo, o doutor Tancredo enviara ao Antônio Carlos uma cópia do discurso duro. Resultado: ele respondeu a um discurso que não existiu. Como não houve reação das Forças Armadas, o *que aconteceu foi uma adesão em massa à candidatura do Tancredo no Colégio Eleitoral. Isso foi contado com detalhes na coluna do Paulo Cesar.*

Sobre o Tancredo e o Paulo, há uma história de que me lembro. Paulo morava aqui ao lado da Praça da Liberdade, onde morava o Tancredo. Um dia, às 7 horas da manhã, eu parei o carro lá, esperando o Tancredo, candidato a governador em 1982. Nós éramos muito ligados. Viajava com ele para todos os lugares. Estávamos ali, quando o Paulo chegou. Viu o Tancredo, parou e conversou conosco. Eu tive que identificá-lo depois para o Tancredo, que vivia mais fora do que aqui. Num momento em que a imprensa se alinhava com o Eliseu Resende, candidato do PDS, estávamos sendo massacrados, ele me olhou e perguntou: "Quem é?". Falei que era um colunista muito bem informado, respeitado.

Ele emendou: "Mas esse é do nosso lado, não?". O Tancredo gostava muito dele, o distinguia, o tratava com carinho.

Sobre sua vida profissional, Paulo é um homem que olha sempre para frente. Admiro essa capacidade. É, acima de tudo, uma pessoa guerreira. Obstinado, lutador. Quando estava no Estado de Minas, *era editor do caderno que mais produzia para o jornal. No* Hoje em Dia, *a mesma coisa. E, como empresário, é bem-sucedido. O lado empreendedor está sendo revelado ao curso da vida dele.*

Paulo, podemos dizer, se projetou como jornalista de vulto nacional. Frequenta os gabinetes de Brasília – os melhores e os piores –, conversa com a Presidência da República, com o governo de Minas. É um desbravador. Não só da notícia, como em sua vida empresarial. Num determinado momento, ficou numa dúvida: continuar só como jornalista ou colocar todo o seu trabalho ao dispor da área empresarial. Daí vieram a Encontro, *a* Viver Brasil, *a VB como um grupo de comunicação. A cada dia que levanta, tem que matar um leão. Quem comanda, quem vai, tem prestígio e faz é ele, apesar da força dos filhos.*

E ser empreendedor no Brasil é um ato de coragem. Estamos bem hoje, não estamos amanhã. É um homem de risco. E a característica do Paulo é esta: a de correr o risco. Mas passa por cima de obstáculos com rara facilidade. É muito bem informado, um privilegiado em termos de informação, e isso facilita o raciocínio empresarial. Não há porta fechada para ele.

Eu estive num dos encontros do Conexão Empresarial com o governador Antonio Anastasia. Isso inova em Minas Gerais, porque o mineiro não é de muita reunião, de acompanhar o curso das coisas. O Paulo está dando uma trajetória diferente, reunindo empresários de todos os matizes, gente de porte, respeitada, o PIB mineiro bem representado. Acho que, sobretudo para o setor privado, isso é muito importante. É uma forma de ajudar a entender, por exemplo, como funciona o setor público, porque não falam a mesma língua. O empresário tem o sentido da oportunidade, e o setor público, o da segurança. O Conexão Empresarial traz essa janela. Precisa haver essa visão mútua.

Quando conheci o Paulo, imaginava que ele teria projeção nacional como jornalista, como foi. Já o perfil de empresário foi provocado. E ele reagiu a isso com muita capacidade quando ficou ilhado. O novo empreendimento, ainda que mais familiar, mantém o espírito de jornalismo, o de repórter casado com o de empreendedor.

> **Leopoldo Bessone** *é mineiro de Belo Horizonte, onde nasceu em 1942. É aquariano. Formado em Direito, é empresário e agricultor na área de café. Foi proprietário da Companhia Itacolomi de Cerveja, em Pirapora, adquirida pela Antarctica, de fábrica de azulejos em Várzea da Palma, ambas no norte de Minas, e de autopeças ligada à Fiat, em Betim. Deputado por cinco legislaturas, incluindo a de parlamentar constituinte, secretário de Esportes, Lazer e Turismo nas gestões dos governos Tancredo Neves (1982-1984) e Hélio Garcia (1984-1987). Foi ministro do Desenvolvimento Agrário no governo Sarney (1985-1989).*

Um adeus e um bem-vindo

Em 2000, eu chegava a 22 anos de *Estado de Minas*. Era outra casa, naturalmente. O diretor que me convidou para trabalhar lá, Camilo Teixeira da Costa, tinha saído. Foi uma fase delicada. Nessa época, o Roberto Elísio, diretor de Redação, havia sido demitido. Desde o começo, sei que não agradava a todo mundo, porque estava ocupando espaço. Mas procurava me dar bem, indistintamente, com todos. Se mexi com alguém, não sei. Mas, realmente, quando o Camilo saiu, começaram a me criar dificuldades. Vieram ordens do tipo não pode fazer isso, não pode fazer aquilo. Mas foi bom. Aquilo me fez repensar os rumos. Tomar outro destino. Já pensou se estivesse lá até hoje? Certamente continuaria como um profissional respeitado, mas talvez tivesse deixado de apostar em novos projetos de sucesso, como o do mercado de revistas.

Até hoje não sei por que fui convidado a sair. O desligamento foi uma coisa fria. Uma sexta-feira, às 15 horas, recebi uma cartinha anunciando a minha dispensa, assinada pelo diretor-geral da época, Edison Zenóbio. Fiquei surpreso. Não consegui falar com ele, não me recebeu. Costumo dizer que há horas em que Deus está com a mão em cima de você. Todo mundo ficou estupefato. Um de meus colegas, o Carlos Felipe, vivia repetindo: "Acho que a única pessoa que não mandam embora aqui é você, que trabalha e produz". Chamei a Ana Cortez, secretária e braço direito, que ainda hoje segue comigo, e pedi instantaneamente que localizasse o Carlos Lindenberg, então diretor de redação do jornal *Hoje em Dia*, que brigava cabeça a cabeça com o jornal *O Tempo* pelo segundo lugar em circulação. Conhecia o Lindenberg havia anos, tínhamos sido colegas de primário e ginásio, em Montes Claros. Eu disse: "Lindenberg, vou dar um pulo aí para conversar com você".

Era uma situação inteiramente estranha para mim. Cheguei ao *Hoje em Dia* e, recebido pelo Lindenberg, me sentei, ainda meio apavorado. Tomei um fôlego e disse: "Estou precisando de você, não estou mais no *Estado de Minas*, preciso de um lugar aqui". Ele se assustou com a notícia, reclinou na cadeira. Eu reforcei: "É isso mesmo o que eu estou falando, quero trabalhar com você aqui". Expliquei que a proposta era, a princípio, repetir o modelo que havia dado certo no jornal concorrente, editando um caderno aos domingos e produzindo uma coluna.

Ele gostou do projeto, mas precisava apresentá-lo ao então presidente do jornal, Reinaldo Gilli. Era uma sexta-feira, por volta de 16 horas, e tudo caminhava para tentar uma solução na segunda. A ansiedade me corroendo. Eu disse: "Segunda não. Tem que ser hoje". Marcamos para 18 horas. Eu já conhecia o Gilli, tínhamos viajado juntos para Portugal numa missão do governo Eduardo Azeredo. Me recebeu, ficamos conversando por quase uma hora. Ele se despediu me abrindo as portas para o novo desafio: "Passe um excelente fim de semana, talvez o melhor da sua vida, porque você já está empregado". Na quarta-feira da semana seguinte, comecei com a coluna. Depois, implantamos o caderno Domingo, que trazia um leque variado de entrevistas, seções de gastronomia, arte e a cobertura dos principais eventos sociais da cidade.

Eu já tivera transições, como a saída do *Diário do Comércio* para o *Estado de Minas*, que era o grande jornal dos mineiros. Quando fui para o *Hoje em Dia*, houve uma queda inicial de prestígio. Havia pessoas que não conheciam o jornal. Mas, nos 10 anos em que estive no *Hoje em Dia*, fiz um trabalho muito bom, graças a Deus. E foi gratificante ter a certeza de que aproximei o jornal da comunidade que ele precisava atingir. Fosse na série de almoços com empresários, fosse nos bailes da Solidariedade.

Quando penso no *Hoje em Dia* tenho que dizer que lá tive mais liberdade para fazer as coisas. Mas não me propus a nada diferente. A vida ensina que você vai repetindo o que dá certo. Até porque havia promoções consagradas, que vinham lá de trás, como os Destaques do Ano, de 1970 e 1971, no *Diário de Minas*, cuja fórmula levei para o *Estado de Minas*, mudando o nome para Melhores. E a mantive no *Hoje em Dia*, num evento de porte realizado anualmente no Palácio das Artes, em reconhecimento a figuras que se destacaram nas artes, esportes, ciência, cultura, administração de empresas, tecnologia...

Foi uma década ótima. Valeu a pena. Faria de novo. Saí em 2010 porque achei que houve desrespeito profissional com a chegada da nova diretoria, resultando nas demissões do Lindenberg e de outros colegas. E a mudança de rumo editorial acabou com outras colunas. Antes que me convidassem para sair, eu me convidei. Acho que fiz bem. Ou iria ficar sozinho.

Levei minhas luvas de pelica

Os que imaginavam que minha mudança para o *Hoje em Dia* resultaria num acirramento de nervos, numa pretensa declaração de guerra entre colunistas, não testemunharam nada disso. Procurei seguir fazendo o meu trabalho. Talvez com uma ou outra mudança de comportamento. Tínhamos no *Hoje em Dia* o saudoso Marcelo Rios, que era voltado para um público específico, e com Márcio Fagundes, outro estilo também. Eu não via os de fora, da mesma maneira, como concorrência.

Na verdade, nunca me senti como concorrente. Basta dizer que, quando trabalhei no *Estado de Minas*, no tempo em que pontificavam o Wilson Frade e o Eduardo Couri, eu tinha, inicialmente, uma ótima relação com o Wilson. Depois, me acertei com o Eduardo Couri, nos três, quatro últimos anos de sua vida. Considerava como boas relações. Nunca houve nenhum atrito, briga. Evidentemente, um quer ser sempre melhor que o outro, mas não passava disso.

No *Hoje em Dia*, procurei sempre me pautar com o que realizo sem estar preocupado com o que o outro está fazendo. Quero sempre criar o melhor. Há comparações, mas nunca fiquei preocupado. Me posicionei constantemente, mesmo sabendo das diferenças, que são normais, na torcida pelo bem do outro. Sempre olhei para o próximo, mesmo que não gostasse de mim, desejando seu bem. A chamada concorrência, filosoficamente, nunca me preocupou.

No fundo, criei o hábito de me considerar um repórter que nada tinha de excepcional. E o meu trabalho era ser um repórter. Jamais tive pretensão de criar escola, neologismos. Os outros que digam se criei ou não, porque nunca me atentei a isso. Isso faz gênero de modesto? Eu sou modesto e sei o meu lugar. E a modéstia, é bom lembrar, nos ajuda a evitar aquele processo de deslumbramento que derruba muita gente. Disso estou livre.

Dos bancos de escola à futura parceria

por Carlos Lindenberg

*É*ramos colegas no Colégio São José, dos Maristas, que abrigava a meninada da elite de Montes Claros e da região, quando conheci Paulo Cesar, na década de 1960. Eu chegava de Espinosa, onde nasci, na divisa de Minas com a Bahia, de pais e irmãos baianos. Meu pai me colocou no São José porque ele havia estudado no colégio marista em Salvador, onde nasceu e se formou em odontologia. Eu e o Paulo éramos colegas de sala.

Paulo Cesar começou a escrever coluna social na velha e já falecida Gazeta do Norte, um jornal conservador, de propriedade do PSD, em Montes Claros. Acho que nos separamos já quase no final da década de 1960. Ele veio antes de mim para Belo Horizonte. Curioso, embora colegas de sala e de algumas festas, éramos de turmas diferentes em Montes Claros. Ele mais refinado, mais festeiro, eu, mais esportivo.

Quando nos reencontramos em Belo Horizonte, no finalzinho de 1960, início de 1970, ele escrevia no Diário de Minas, logo foi para o Diário da Tarde e nos reencontramos, eu agora no Estado de Minas. Paulo sempre deu notas sociais com abertura para comportamento, política e economia, estilo que ele desenvolveu em contato com Ibrahim Sued, de quem se tornou amigo. Nossa convivência nos Diários Associados foi circunstancial, embora sempre nos déssemos bem. Havia no jornal certo preconceito por parte dos repórteres *com relação aos colunistas sociais. Era década de 1960/1970, da resistência à ditadura, de suposta luta de classes, de forma que nos dávamos bem, mas não convivíamos muito agarrados.*

Sempre o tratei por Paulo ou Paulo Cesar. Nunca me vi à vontade chamando-o de PCO. Como ele também nunca me chamou pelo apelido (Berguinho). Mas, se não éramos íntimos, também não éramos cerimoniosos um com o outro. Paulo perdeu o pai, Décio Lopes de Oliveira, muito cedo e penso que, como mais velho, teve que dar duro. Daí sua entrada no jornalismo e sua escalada na profissão.

O episódio que nos aproximou muito foi a saída dele do Estado de Minas. *Eu era o diretor de redação do* Hoje em Dia, *então um jornal que não conseguia se posicionar no mercado, tanto pela origem quanto pela trajetória. Uma tarde, Paulo Cesar me ligou e foi direto ao assunto: "Estou desempregado e quero trabalhar, tem emprego aí pra mim?". Eu disse: "Certamente, vou conversar com o presidente da empresa, Reinaldo Gilli, e podemos nos falar amanhã". Ele se antecipou: "Amanhã não, se quiser, podemos conversar hoje mesmo".*

Ora, eu já havia levado o Roberto Drummond para o jornal, também despedido do Estado de Minas, *e sabia como seria enriquecedor para o* Hoje em Dia *ter mais um nome de projeção.*

Pedi um tempo e fui conversar com Reinaldo, instando-o a contratar Paulo Cesar. Convenci o presidente de que era uma boa tacada e chamei Paulo para conversar naquele mesmo dia. Ele já saiu contratado para fazer a coluna social, com notas econômicas e políticas. Nesse período, me impressionou muito sua capacidade de trabalho. Ele ia a três ou quatro compromissos por noite. Algumas vezes, íamos juntos, por isso senti como era pesado o dia, que terminava à meia-noite, a uma da madrugada, ele sempre de terno e gravata – com aquela presilha no colarinho, sua marca registrada.

Convivemos 10 anos no Hoje em Dia. *Quando houve a mudança de presidente, eu saí em 2010, percebeu que havia certa indisposição no jornal contra ele e, ao sentir que sua coluna estava sendo cortada sem critério, mandou um e-mail para o novo presidente, cujo texto me mostrou depois, pedindo para cancelar o contrato com o jornal.*

Nessa época, ele já havia criado a revista Encontro *e, depois, a* Viver Brasil. *Esse nome,* Encontro, *estava na minha posse, era meu, digamos. Era uma revista fundada pelo economista Lúcio Bemquerer, com uns amigos, em Montes Claros. Quando vim estudar jornalismo na UFMG, em Belo Horizonte, Lúcio, meu amigo, me passou a revista, que já não circulava. Paulo ainda estava no* Hoje em Dia, *ocupando o cargo de diretor de Assuntos Corporativos, por minha sugestão, me procurou me propondo sociedade na revista que ele queria fazer em Belo Horizonte e me pedia autorização para usar o nome:* Encontro. *Cedi a marca e cheguei a participar de algumas reuniões, na expectativa de me associar a ele. Resolvi não fazer parte da sociedade, por falta de tempo, por dedicação ao* Hoje em Dia, *mas cedi o nome e passei a colaborar com a revista. Isso nos aproximou mais ainda.*

Quando Paulo deixou o jornal, logo após a minha saída, conversamos e, num almoço no Don Pasquale, decidimos criar um jornal gratuito diário. Nos reunimos depois, nós e os filhos dele, Gustavo e Paulinho, e acertamos fazer o jornal, a que demos o nome de Tudo. *É um semanário, mas a qualquer tempo será um diário, como imaginamos.*

De Paulo Cesar posso dizer que é um obstinado. Aparentemente frio, põe emoção no que faz. E é de uma capacidade de trabalho impressionante. Não tem tempo ruim. Chega cedo à Viver Brasil, *sai, volta e só deixa o batente quando não tem mais o que fazer. Gosta de bons vinhos, de viagens, e trata os filhos – dele com uma amiga minha, de Montes Claros, Dolores Alckmin, de lendária família – com carinho. Beija-os sempre que deles se despede: Paulinho é mais contido; Gustavo, mais expansivo. Dão uma boa soma.*

Os dois cuidam do dia a dia da empresa, Paulo Cesar supervisiona, mas vai à luta em busca de negócios, de anúncios, de parceiros, incansavelmente. Às vezes, fica meio nervoso (é da idade, suponho...), mas leva as coisas com jeito. Penso que um traço característico de Paulo Cesar, além da obstinação, é a lealdade. Pelo menos tenho sentido isso. Sei que nem todos pensam assim, não raro ele tem os seus inimigos ou adversários, como queiram, mas comigo tem sido leal. Pode ser porque estendi a minha mão a ele em certa época, como ele estendeu a dele a mim em outra. Nem sempre combinamos nos nossos pontos de vista, mas isso não tem impedido uma convivência fraterna e respeitosa.

Carlos Lindenberg *é mineiro de Espinosa. Foi repórter de* O Jornal *de Montes Claros na mesma época em que Paulo foi colunista da* Gazeta do Norte. *Atuou como repórter do* Estado de Minas, *da revista* Veja, *da qual se tornaria chefe da sucursal em Minas. Também foi repórter e chefe de reportagem da* Globo Minas, *chefe da sucursal de* O Globo, *em Minas, assessor-chefe da Assessoria de Imprensa e Relações-públicas do governo do estado (secretário de Comunicação, no governo Newton Cardoso, 1987/1990), diretor de marketing e expansão, editor-geral e diretor de redação do* Hoje em Dia, *jornal onde trabalhou por 22 anos, e no qual inaugurou uma coluna diária de análise política. É diretor-executivo do jornal* Tudo, *que criou com Paulo Cesar, comentarista de política da Rádio Itatiaia e colunista político do* Tudo, *da* Viver Brasil.

Aos que são essenciais

Falar de pai, mãe, família é visitar um porto seguro do coração em que estão guardadas nossas melhores e mais ricas experiências. Papai, Décio Lopes de Oliveira, era formado em Direito, funcionário do Banco de Minas Gerais, transferido de Belo Horizonte para Montes Claros para abrir a primeira agência por lá.

Com meu pai havia uma relação boa, mas às vezes difícil. Ele era uma pessoa muito rígida. Infelizmente, meu convívio com ele, que nasceu em 1915, foi até os 61 anos, quando morreu. Dentro da sua visão de mundo, eu tinha que fazer tudo na linha. Claro, havia conflitos, mas houve mais compreensão.

O grau de rigidez não era só comigo. Era uma forma de conduta que o acompanhava. Me lembro de papai, no governo Magalhães Pinto, como diretor da Hidrominas, companhia do estado que gerenciava os hotéis de Araxá e Poços de Caldas. Num Carnaval, um diretor saía com uma caixa de uísque. Foi lá, sem rodeios, e mandou devolver.

Convivíamos bem, mas ele era mais fechado, mantinha certa distância. Depois de adulto, tivemos uma relação mais madura.

Com minha mãe, Elza Silva Lopes de Oliveira, a convivência era extremamente afetiva. Depois que papai morreu, senti-me responsável pela família e praticamente cuidei de mamãe. E fiz isso com muita alegria até a morte dela, aos 86 anos. Enquanto mamãe era viva, nós, os irmãos, nos encontrávamos semanalmente aos domingos, num lanche, com sol ou chuva, das 18 horas às 21 horas. Como mãe era uma espécie de engenho, depois que morreu, os encontros acabaram. Mas está vivo na memória e no coração o congraçamento familiar no apartamento em que ela morava, na Rua Goitacazes, no Centro, ao lado de onde era a Camponesa.

Onde come um, comem seis

Minha família foi criada em Montes Claros. Lá ficamos de 1945 a 1964. Quando chegamos, já havia a Tereza Cristina, a Tetê, mais velha, e eu. Lá, mamãe gerou quatro filhos: o Roberto, o José Eymard, o Luiz Felipe e a Maria Celina. Papai trouxe mamãe para ter os filhos em Belo Horizonte, para que nascessem na capital, sua terra natal. Ele nasceu num 12 de dezembro, dia de aniversário da cidade. Dos seis, somos hoje apenas três: a Tetê, Roberto e eu.

Na herança genética, com papai diabético, só o Roberto não teve a doença. Papai ficou diabético aos 19 anos. Ou a descobriu nessa idade. Um mal controlável, mas que não tem cura. Tanto minha irmã mais velha quanto o Luiz Felipe e a Maria Celina ficaram diabéticos quando crianças.

Pode até soar estranho para muita gente, mas, apesar disso, o fantasma da diabetes não me assusta. Nada. Absolutamente nada. Hoje há tratamento. Convivo harmoniosamente com ela há 15 anos. Isso pelo fato de já conhecer meu pai como diabético, tomando insulina diariamente. Só para exemplificar, doce em nossa casa era coisa rara. Então, me acostumei.

Roberto trabalhou muitos anos numa siderúrgica e hoje tem sua loja de CDs, a CD Plus, na Savassi. O Zé Eymard, desde criança, sempre foi apaixonado por música e viveu como músico, inspirado por seu saxofone. Mais à frente vou contar uma história curiosa sobre ele. O Luiz Felipe também era uma figura doce. Mudou-se para Brasília com a mulher, Maria Helena, técnica de saúde. Ficou uns dois anos por lá. Morreu em virtude da diabetes, aos 49 anos, depois de enfrentar uma fase muito dura da doença. A Maria Celina morreu aos 37 anos. Havia trabalhado na Secretaria de Turismo, depois morado em São Paulo.

A Tetê mora em Belo Horizonte, mas sai muito pouco de casa. Casada há muitos anos com Arnulpho Daibert, tem três filhos. Já Roberto e eu somos mais próximos, amigos, mantemos contato, uma convivência excelente, nos falamos sempre por telefone.

Quando ainda éramos os três e Zé Eymard, almoçávamos juntos uma vez por mês. Morreu o Zé Eymard em 2010. Sofreu um aneurisma. Ainda que seja momentaneamente doloroso, sem pensar de uma forma egoísta, acho que a morte é a coisa mais natural que tem. E ninguém vai antes da hora.

Galeria

Aureliano Chaves, Joffre Alves Pereira e PCO.

Paulo e Antonieta Nonato da Silva, viúva do ministro Orozimbo Nonato e madrinha de PCO, Jair Negrão de Lima, Ricardo Fernandes Silva e PCO.

PCO e a diretora de relações públicas do Copacabana Palace, Cláudia Fialho.

De longe eles me amparam

Costumo dizer que minha primeira grande perda foi uma tia, irmã de meu avô, tia Nem, a Lucília. Tinha comigo um carinho todo especial. E eu, da mesma forma, uma enorme afeição por ela. Eu estava com 20 e poucos anos. Ela já havia morado com nossa família em Montes Claros.

Depois, um segundo baque veio com meu tio Quinzinho, o Joaquim Alves da Silva, com 54 anos. Mais à frente, papai, que se foi com 61. Aí vem uma particularidade que costumo repassar a outras pessoas, que se refere à capacidade de nos prepararmos para esses momentos. Quando papai morreu, mamãe tinha 60 anos. Eu tinha 30. A partir da morte de papai, comecei a me preparar, diariamente, para a falta de mamãe.

A gente tem que saber que ninguém é eterno. Perco o pai com 61... E dona Elza, uma autêntica dona de casa, sempre viveu com ele. Foram casados quase 40 anos. Graças a Deus, mamãe resistiu bem. Só se foi com 86 anos. Por que falo em preparar? Na hora, você tem aquele choque, chora. Mas, em seguida, se torna mais ameno. Ela se foi, você fez o que podia. A verdade é que eu vinha me preparando, por mais de 20 anos me colocava sempre com a falta dela.

Isso, com certeza, nos aproximou mais. Digo às pessoas: a morte é a coisa mais natural que tem. Mas, para conviver com ela, é preciso admiti-la. Tem de estar preparado. Até porque, sempre friso, acho que ninguém vai antes da hora.

Quando minha mãe morreu, para mim, foi um passamento, tranquilo. Com o meu pai, não. Apesar de, na época, ele estar hospitalizado e eu saber que dificilmente resistiria. Diabético, com flebite. Estava no Hospital São Lucas. Eu trabalhava no *Diário do Comércio*, já na Rua Padre Rolim. Mamãe chegou lá esbaforida para contar. Foi um choque.

Antes de mamãe, perdi uma irmã aos 37 anos, a Maria Celina, e recebi com serenidade. Longe de mim imaginar que deveria ter alimentado um sentimento de injustiça. Com outro irmão, o Luiz Felipe, vivendo em Brasília, estava mais ou menos escrito. Diabético como papai, o quadro se agravando... No caso do Zé Eymard, aí houve a surpresa do aneurisma.

Ele faz a integração

por Luiz Henrique Andrade de Araújo

*E*u tenho um fato marcante que pode ser visto como o começo e a síntese da relação com o Paulo. Numa ocasião, ainda no Estado de Minas, com sua coluna muito lida, muito diferenciada, ele me ligou. Lembro que era um domingo à noite. Circulava em Belo Horizonte uma notícia que dizia respeito ao nosso grupo. Ele me ligou, dizendo que tinha recebido uma informação a respeito do grupo de controle e que gostaria de nos ouvir. Esse foi o primeiro e, posso dizer, o grande momento em que percebi o jornalista atuando e, naquela ocasião, nos dando oportunidade de nos fazer ouvidos.

Nas muitas vezes em que nos encontramos, eu falo com ele: "Você se lembra daquele domingo em que você ligou, que a história não era bem essa? Era aquela?". Envolvia uma informação sobre disputa societária. Até então, nossos contatos eram muito poucos. E digo que isso me marcou.

Mas houve outros exemplos. Em vários eventos, toda homenagem que a instituição recebia, ele nos prestigiava, dando os registros jornalísticos a nossos dirigentes, a nossa jornada. Isso cria uma empatia.

Acho que ele sabe cultivar essas coisas. De vez em quando, eu o ouço dizendo: "Falei com fulano, meu amigo há 50 anos". Isso confere uma legitimidade e uma importância muito grande a suas relações.

Não é por acaso que estou sempre presente, seja na casa, nos jantares, nas festas de aniversário. Falamos de negócios, política. Costumamos nos reunir em grupos de afinidades. Empresários. Políticos e empresários. Ele promove a aproximação entre essas pessoas.

Para defini-lo como colunista, gosto da expressão câmara de eco. Tem boas informações advindas dos contatos expressivos que mantém. Esse acesso à informação é sua principal característica.

Ele não retém esses relacionamentos só para si. A preocupação dele é fazer uma integração. Vem alguém de Brasília aos eventos que promove e ele sempre quer apresentar a alguém de Belo Horizonte, de São Paulo. Sempre aproximando as pessoas. Isso é o que faz as coisas acontecerem. É um grande aglutinador.

E conseguiu mexer com muita gente, porque o mineiro, de um modo geral, é muito retraído, pouco participativo nos eventos, recluso, fechado. Veja que o Conexão Empresarial é um esforço do Paulo em aglutinar, reunir as pessoas, trazendo autoridades, como ministros. Ele quebra um pouco essa inércia. São poucas oportunidades que temos nesse sentido.

E os eventos de Tiradentes têm ainda uma dimensão maior, com conotação mais político-empresarial. Basta lembrar que, em 2010, tivemos lá a candidata e futura presidente da República, Dilma Rousseff, candidatos ao governo de Minas, ministros, prefeitos.

Empresarialmente, ele tem uma vida relativamente curta, somando-se o tempo das duas revistas. Eu digo a ele que ainda é um horizonte a ser desbravado, ao lado dos filhos, Gustavo e Paulinho. Mas, comercialmente, o Paulo é fantástico. É um dos melhores "comerciais" que conheço. A gente olha pelo rol de anunciantes dele. Às vezes falo, brincando: "Como você é amigo desse povo?!". A maior característica empresarial dele é essa capacidade. Apesar de novo empresarialmente, tem um handcap *fabuloso.*

> **Luiz Henrique Andrade de Araújo** *é mineiro de Belo Horizonte, onde nasceu em 1949. É diretor-presidente do Banco Mercantil do Brasil, fundado em 1940. A instituição financeira, com base em Minas Gerais, tem 200 pontos de atendimento, 3.200 funcionários e cerca de 1,2 milhão de correntistas.*

Um passarinho dentro de casa

Recordar o Zé Eymard é como pensar em música. Ele sempre teve paixão por ela. Aos 14 anos, papai tinha dado para ele um violão e outro instrumento. Ele começava a aprender e parava. Pediu um saxofone. Papai disse que não ia dar, porque ele sempre desistia. Um dia papai estava em Recife, numa reunião da Sudene, e eu cheguei em casa, 19 horas, no sobrado. Subindo a escada, vejo uma carta. Estava endereçada à mamãe. Como estava aberta, li. Era uma mensagem do Zé Eymard, dizendo que estava saindo de Montes Claros para correr mundo, para trabalhar e comprar um saxofone...

Subi e, naquela época, todo mundo se reunia para jantar. Eu tinha 16, 17 anos. Sentamos, fiquei engasgado e, para tentar salvar a situação, perguntei: "Cadê o Zé Eymard?". Nisso, o telefone toca. Era uma conhecida de mamãe dizendo que havia encontrado com ele na estação ferroviária entrando no trem para Belo Horizonte. Aí, foi aquele pânico. Mencionei a carta, já pensando numa saída. Se ele ia de trem, passaria em Bocaiuva. Meu tio Quinzinho estava em casa e resolveu ir, pé na tábua. Partimos para Bocaiuva. De trem são mais ou menos duas horas e meia. De carro, uma hora. Chegamos à estação. Aquela atmosfera de ansiedade.

Esperamos os vagões estacionarem. Entrei, percorri um por um. E lá estava o Zé Eymard, sentadinho no restaurante. Falei: "Vamos embora". Ele não resistiu, voltamos para Montes Claros. No dia seguinte, o pai de um amigo dele, Ruy Barbosa, deu a ele um saxofone de presente. É um instrumento que o acompanhou a vida inteira. Esse foi o início da caminhada. Zé Eymard era uma figura realmente interessante. Aos 57 anos, teve um filho com a Danuza, o João, que era sua alegria. Para ele, o máximo. Morreu aos 61. Costumo dizer que a morte você não escolhe. Você é chamado.

Meu sobrinho-filho

por Marina Lorenzo Fernandez

Quando me casei, na segunda metade da década de 1940, fui morar em Montes Claros com minha cunhada Elza, seu marido, Décio, e dois filhos do casal. Uma linda menina, Tereza Cristina, e um bebê de 6 meses, moreninho, de olhinhos brilhantes e bracinhos roliços, com um jeitinho meigo. Como custei a engravidar, fui dando mamadeira, mudando fraldas, dando banho, fazendo dormir o garotinho e, assim, o exercício da maternidade foi em mim acontecendo. Me encantei.

Posso dizer que o PCO é o meu sobrinho-filho. Ele ocupa um lugar muito especial no meu coração, na minha alma e na parte do meu cérebro que concentra a emoção. Era um bebê doce.

Desse tempo, me recordo que o Paulo Cesar, bem pequenininho, teve um problema de saúde. Dia e noite, de três em três horas ele tinha que tomar uma injeção de penicilina. Ele chorava, a mãe chorava e eu também. Imaginem, todos ao mesmo tempo chorando a três vozes, e à luz de vela... Na época, a luz da cidade era desligada às 22 horas!

Depois, vieram os meus filhos e vieram mais sobrinhos. Todos criados juntos formando uma grande família. A casa era alegre e movimentada. Eu dava aulas de piano e de musicalização. Organizava conjuntos musicais.

Filhos, sobrinhos, alunos e vizinhos participavam de tudo, vendo e vivenciando as atividades artísticas promovidas pelo conservatório da cidade. Eram convidados artistas renomados, músicos, *pintores, escritores e promovidas exposições de artes visuais, peças de teatro e concertos...*

Daí o gosto e a percepção artística que os sobrinhos desenvolveram. Todos estudaram música. Um deles, o José Eymard, irmão de Paulo Cesar, tornou-se músico e viveu de música e para a música. Deixou muitas saudades.

Acredito que os estímulos artísticos oferecidos na infância e na adolescência estimulam no jovem maior afirmação psicológica, individual e social.

Acredito que a arte satisfaz as duas necessidades vitais do ser humano: expressão e comunicação. São essas duas áreas que Paulo Cesar soube desenvolver como jornalista e o faz até hoje com brilhantismo e muita garra.

Ainda adolescente, foi para Belo Horizonte estudar e trabalhar. Queria ser independente. Essa é uma marca da personalidade dele. Não gostava muito de estudar, especialmente o estudo formal. Gostava de festa e de frequentar bons lugares. Gostava de ir ao Automóvel Clube com o tio Quinzinho (meu marido). Adorava usar as camisas do tio, camisas de cambraia de linho. O tio achava a maior graça e, no fundo, ficava até vaidoso com a admiração que o sobrinho sentia por ele.

Tanto Quinzinho quanto eu apoiávamos e percebíamos a vocação de Paulo Cesar. Ele enveredou pelo jornalismo numa época em que a crônica social ganhava espaço em Minas Gerais. O pai não entendia e reprovava a vocação, pois, para ele, frequentar festas e escrever sobre elas não era trabalho, era festa mesmo... Ele gostaria que o filho tivesse sido bancário.

Trabalhando com educação, percebo que esta deve se realizar através da experiência e da liberdade de expressão. Assim foi a forma encontrada por Paulo Cesar para se tornar o jornalista que conhecemos. Ele soube estabelecer metas, provocar ações e produzir resultados dentro da realidade da vida prática.

Nós nos falamos muito, praticamente umas duas vezes por semana, por telefone, ele numa cidade, eu em outra, no Rio de Janeiro, ou mesmo ele viajando, fora do país. O contato dele com todos os meus filhos é também constante, especialmente com Ricardo, o mais velho. Isso me deixa muito feliz. Existe uma confiança e uma amizade muito grandes.

O Paulo Cesar conquistou a posição que ocupa hoje, como empreendedor e jornalista, por mérito próprio. Soube fazer amigos. Foi determinado, destemido e ousado.

Tem uma personalidade de aparência sisuda, sem muito papo. Ele esconde, acho que por defesa, um coração absolutamente sensível e mole. É como diz o ditado popular: "Quem vê cara não vê coração".

Sinto muito orgulho do Paulo. Sei o quanto ele trabalhou e trabalha até hoje. Eu o considero um homem vitorioso. É otimista, empreendedor, idealista e romântico. Uma combinação difícil de entender, porém verdadeira em se tratando de Paulo Cesar.

Marina Lorenzo Fernandez é fluminense do Rio de Janeiro, onde nasceu em 1926. É filha do maestro e compositor Oscar Lorenzo Fernandez. Professora de piano, fundou em 1961, em Montes Claros, norte de Minas, o Conservatório Municipal de Música, que leva o nome de seu pai

Um milagre, dois milagres

Há uma história, papai e mamãe me contavam, que pode perfeitamente ser atribuída a forças superiores. Quando eu tinha 6, 7 anos, fui desenganado. Tive anemia perniciosa e, junto, uma brucelose. Vim para Belo Horizonte para ser tratado. Ficava na casa do meu avô, na Savassi. Uma tia-avó fez uma promessa: se eu me curasse, faria a primeira comunhão em Aparecida, São Paulo. Na época, ir a Aparecida era uma viagem de dois dias de carro.

Semanalmente, eu fazia exames. Num belo dia, acreditem, os testes não acusavam nada. Isso foi considerado um milagre. Aí, graça alcançada, era hora de cumprirmos com o que fora prometido. Saímos daqui de carro, num Dodge Utility. Papai, mamãe, Tetê, meu avô José Theófilo Lopes de Oliveira – o meu avô paterno –, minha tia-avó, que eu chamava de vovó Carlota, que foi quem fez a promessa, e eu. Seis viajando tranquilamente.

Para ir a São Paulo, se não me engano, passava-se por Itabirito. Perto daquela cidade, numa ponte, meu pai se distraiu e o carro caiu num rio, ou num riacho, não sei. Disso eu me lembro muito pouco. Entre nós, houve feridos. Eu não tive um arranhão. Aí não havia como seguir viagem. Mamãe, já de volta, preocupada, foi consultar um padre e ele a tranquilizou: "Fique serena, porque vocês já cumpriram a promessa".

Vim a conhecer Aparecida faz pouco tempo. Até em razão de outras promessas que eu havia feito. Fui de carro a partir de São Paulo. E que sensação espetacular. Espiritualmente, indescritível.

Havia um sonho guardado

O sonho nasceu lá atrás, quando eu ainda trabalhava no *Estado de Minas*. Comecei a vislumbrar a possibilidade de Minas Gerais ter uma revista. Eu me lembrava que aqui, muitos anos antes, uma revista chamada *Alterosa* foi um sucesso, ainda que não tenha durado por muito tempo. Posteriormente, quando comecei a pensar no projeto, cheguei a pedir uns números emprestados ao jornalista e editor André Carvalho. Buscava inspiração.

Propus ao *Estado de Minas*, com uma produção do jornal. Não tive sucesso. Mas aquilo ficou na cabeça. Como fazer? Como lançar? Saí do *Estado de Minas* em 2000, fui para o *Hoje em Dia* e a coisa começou a florescer. Resolvi propor ao *Hoje em Dia*, mas também não emplacou.

Quando me decidi, cheguei a conversar com algumas pessoas para viabilizar o projeto, elas não se manifestaram e eu segurei o desafio: vou fazer. Foi quando, com um sócio, lancei a *Encontro*. Era nome de uma revista que existiu com sucesso, na década de 1970, lançada pelo economista Lúcio Bemquerer, um camarada muito bacana, meu amigo. Ele manteve a revista por uns bons anos. Depois, passou para o Carlos Lindenberg. *Encontro* é de domínio público. Mas consultei o Lúcio, e ele disse não haver problemas, a exemplo do Lindenberg.

Daí, lancei. Foi um marco. Era 2003. E, o mais importante, abriu um mercado que estava adormecido. Veja a revista *Palavra*, quando lançada pelo Ziraldo, eu sabia que seria difícil emplacar, pois era para um mercado bastante restrito, de altíssimo nível, de cultura. Tanto é que Ziraldo depois a vendeu para a Ângela Gutierrez, que viu que aquilo não era sustentável, tanto que fechou. Mas foi de vanguarda. Muito bonita, benfeita, mas não tinha mercado.

Naturalmente, tive essa preocupação do ponto de vista empresarial, além de pensar num produto que fosse de qualidade. Foi uma elaboração demorada, cerca de um ano, mais ou menos. Para fazer um veículo como uma revista, você tem duas maneiras: ou tem o capital ou se vale de sua credibilidade para ir ao mercado. O que fiz? Procurei empresas, diante dos meus anos de janela, e vendi publicidade que garantisse a circulação pelo menos por um ano.

Foram várias empresas. Vendi da seguinte forma: ninguém pagou nada antecipadamente. Com a publicação na rua, foram aparecendo novos interessados. E a revista passou a viver ancorada dentro do planejamento de quando a lancei e da credibilidade que pude transmitir, mesmo quando eu saí. Até hoje, há quem imagine que sou da *Encontro*, ainda que eu tenha saído depois do quinto ano, por uma desavença societária. Então, a partir daí, apareceram várias outras publicações. Talvez pelo sucesso que consegui, outros vieram.

A revista era um *mix*. Comportamento, política, economia, cultura, sociedade. Nossa redação funcionando a todo o vapor, num prédio da Avenida Álvares Cabral, no Centro. Trabalhávamos com 10 pessoas, chegamos a 15. A atriz Débora Falabella estampou a primeira capa. Batemos em 50 mil exemplares.

Isso é excepcional para o mercado. E a prova mais forte é a *Viver Brasil*. Meus filhos a lançaram e mais tarde me integrei a eles. E não poderia haver resposta melhor para nosso esforço, ousadia e compromisso profissional.

Uma marca que o diferencia

por Antonio Augusto Anastasia

*C*onheci Paulo Cesar, naturalmente, antes que ele me conhecesse. Sendo o Paulo Cesar um jornalista muito respeitado, eu sempre muito interessado em questões de política e do cotidiano, fui leitor assíduo de suas colunas nos jornais de Minas Gerais.

E me lembro de termos nos aproximado ao tempo do governo federal, sendo eu secretário-geral do ministro Paulo Paiva, no Ministério do Trabalho. Paulo Paiva era e é muito amigo do Paulo Cesar, e nessas idas e vindas dele a Brasília, acabei reforçando esses laços. Então, de lá para cá, o que significa algo há mais de 20 anos, temos tido um contato muito próximo. Eu, frequentemente, acompanhando seus eventos, suas colunas, o blog, a sua informação marcadamente precisa e segura. Nasceu uma relação próxima, de muita amizade e respeito. Ter esta oportunidade, para mim, é uma honra. É uma honra privar do seu convívio.

Ele é um jornalista muito bem informado, muito bem relacionado. Que se interessa pelas questões de Minas e quer ver o desenvolvimento de nosso estado. Que estimula e fomenta iniciativas empresariais e empreendedoras em Minas Gerais. Então, acho que é até uma marca que o diferencia dos outros. Ele não se limita a fazer o registro das notícias. Mais do que isso, quer participar e se esforçar para que o que era notícia ocorra positivamente, com a vinda de empresas e o progresso do estado, com o qual ele está muito comprometido.

Aliás, eu acho exatamente que um dos papéis que Paulo Cesar realiza com mais êxito é aproximar as pessoas. Tomemos o exemplo *do Conexão Empresarial, até pelo nome algo bem-vindo. Porque o nome Conexão mostra como aproximar, aconchegar as pessoas, realizar o* networking *de maneira muito positiva.*

Esses grandes eventos empresariais são extremamente ricos para o estado, porque permitem a interação dos empresários e ainda a participação do governo, dos agentes de fomento. E isso gera, naturalmente, a expectativa de bons investimentos. Por isso, o Conexão Empresarial tem sido um grande sucesso. Participei de vários eventos realizados pelo Paulo Cesar. Eu me recordo, há muitos anos, o primeiro passo, quando ele promovia o encontro num sítio próximo a Belo Horizonte, do Hermógenes Ladeira. Um ambiente muito agradável, um número menor de pessoas. Depois, foi aumentando. Primeiro, em Araxá e, agora, Tiradentes. Além, claro, do almoço realizado mensalmente. Todas essas iniciativas recebem nosso aplauso.

Há um caso peculiar, numa de nossas viagens. O Paulo Cesar é um homem de gosto refinado, de grande cultura, habituado às coisas finas da vida. Numa época, eu como vice-governador o convidei para me acompanhar a Almenara, no Jequitinhonha, uma das regiões menos desenvolvidas do estado. Ele foi, viu de perto. Acho que ficou um pouco impressionado com tudo aquilo, o dia de um governador no exercício da função, fazendo inaugurações, conversando com as pessoas. Me lembro bem de sua expressão um pouco espantada com aquele roteiro. Mas sem perder o bom humor, que, aliás, faço questão de registrar, é um traço dele. É uma pessoa que conta muitos casos, tem uma memória muito boa. E, sobretudo, um relacionamento muito próximo, muito tranquilo, em razão de sua condição de bon vivant, *no sentido positivo da expressão, um homem sempre de bom astral, que tem sempre a dizer. E nossa relação se desdobra de muitos anos de convivência. Agora, mais ainda, em razão de laços de contraparentes, até porque sua atual namorada foi casada com um primo meu.*

Enfim, no exercício profissional é um jornalista muito bem informado. Principalmente no momento em que as eleições se avizinham.

Ele sempre tem um perfil muito ativo. Tem boas fontes. Mas o que deve ser acentuado como registro é o esforço dele em trazer para Minas grandes empreendimentos, iniciativas comerciais, empresariais e industriais positivas. Isso é muito bom. Exatamente esse convívio empresarial que ele realiza e estimula é que fomenta esse ambiente de negócios de que precisamos para Minas Gerais.

Antonio Augusto Anastasia *é mineiro de Belo Horizonte, onde nasceu em 1961. Foi secretário-geral no Ministério do Trabalho (governo Fernando Henrique Cardoso), vice-governador e secretário de Planejamento e de Defesa Social (governo Aécio Neves), responsável pelo choque de gestão no estado. É governador de Minas Gerais.*

Melhor é viver

As cenas estão frescas em minha memória. Colocar uma revista no mercado, depois uma segunda e, quase 10 anos mais tarde, poder dizer: eu dei a minha contribuição, que, reconhecidamente, foi emblemática. Basta lembrar quantas pessoas eu procurava ainda na fase do primeiro projeto e elas me diziam: "Você é um louco! Como você vai fazer uma revista aqui?". Eu respondia: "Existe mercado, o mercado está aí". Na época, havia um camarada, apresentado por um amigo comum, o Celso Matias, que tinha uma revista quinzenal em Vitória. Mas como Vitória poderia ter uma revista assim, e Belo Horizonte, não?

Também minha amiga Consuelo Badra, jornalista-empresária, colunista que pontificou em Brasília, lançou, e lá se vão 15 anos, a revista *Foco*. Ela sempre dizia: "Paulo, Belo Horizonte tem que lançar uma revista". Eu ficava sempre pensando naquilo. Fiquei estudando as possibilidades, virando noites, delirando, quebrando a cabeça. Verdade é que eu amo desafios dessa grandeza. E sempre a mesma tônica. Nas conversas, mesmo me apoiando nos primeiros contatos, as pessoas insistiam que eu era um louco. A ansiedade existia, e não haveria de ser diferente. Mas quando chegou a um determinado ponto de confiança do mercado – e nesse mercado eu lido há mais de 40 anos –, pensei: "Posso lançar".

O tempo provou que eu estava certo e acabou premiando uma decisão arrojada e, posso dizer, com um olhar mirando o futuro. E tudo se confirmaria mais à frente, na *Viver Brasil*. A *Viver* foi um projeto que já nasceu com muita alegria para mim, nasceu pelos meus filhos, Paulinho e Gustavo, que tiveram a ousadia, a coragem, talvez espelhados na minha experiência de sucesso, e, também pelo bom relacionamento, foram ao mercado.

Sem a minha presença, lançaram a revista. Nessa ocasião, segundo semestre de 2008, eu estava ainda em processo na Justiça para encerrar a minha participação na *Encontro*. Houve uns quatro meses de ajustes finos. Em novembro de 2008... Eu descrevo e a emoção me sobe assim como se fosse hoje... Em novembro de 2008 a *Viver*, em circulação quinzenal, estava nas ruas. Comportamento, política, economia, sociedade, cultura, gastronomia são destaques. Começou em grande estilo. Em janeiro de 2009, me convidaram para integrar o time. Era natural e óbvio que ocorreria isso. Entrei com a revista andando e, ainda no nascedouro, extremamente respeitada. Era uma resposta a nossa trajetória. E a tiragem quinzenal de 60 mil exemplares desde o seu primeiro número confirma isso.

Conosco veio o Homero Dolabella, que havia participado da primeira revista, para cuidar da redação. Um rapaz excepcional, jovem talentoso, extremamente correto, competente. Se perguntarem o que nos diferencia dos outros, digo, respeitosamente, que temos um projeto editorial mais avançado.

Não canso de repetir que os desafios me motivam. E, para usar uma frase surrada, no começo tudo é sempre mais difícil. Comigo numa fase de transição empresarial, meus filhos buscando uma sede para o futuro projeto, o mar não estava para peixe. Nesses momentos é que se revelam os significados da amizade. Inicialmente, eles ficaram numa sala no Olhos D'água, distrito industrial de Belo Horizonte, na saída para o Rio de Janeiro, cedida por um amigo muito especial, o Lúcio Costa, da Suggar.

Ficamos lá provisoriamente, durante vários meses. Daí, num segundo gesto de ousadia dos meninos, fomos para um imóvel no Vale do Sereno, em Nova Lima, o shopping Serena Mall, empreendimento do Gilmar Dias, da EPO. Lá fizemos a sede da *Viver*. Realmente, uma redação, um escritório administrativo, um espaço para grandes debates que não deixa nada a desejar comparando-se com outros que há no país.

Está lá uma das janelas que menciono no começo deste livro. Não é mera figura de retórica. E, diariamente, a Serra do Curral diante dos meus olhos, me inspiro.

Vai um guaranazinho aí?

Para quem havia bebido para além da conta na juventude, o mundo do colunismo poderia se comparar a um campo minado. Como todo jovem, ou boa parte deles, eu saía do limite quando o assunto era álcool. Não que exagerasse a ponto de colocar tudo a perder. É que o ímpeto era redobrado. Tomava todos os tipos de bebidas: cerveja, uísque, cachaça, caipirinha. Uma coisa de cada vez, é bom observar.

Mas, no trabalho, me cuidei. Nos primeiros 10, 15 anos, ainda que eu bebesse, era moderadamente. Apesar de ter havido situações em que, viajando, tomava umas, acordava no hotel no meio da noite, com fuso horário desarranjado, e danava a me perguntar, olhando para as paredes, onde é que eu estava e como havia chegado ali. Só que, há cerca de 30 anos, brigando com a balança, fui a um spa. Fiquei lá por uns oito dias. Emagreci quase 8 quilos. Me senti muito bem. Precisava daquela reeducação. Como não havia álcool, me veio uma sensação de equilíbrio surpreendente, essa coisa de ficar feliz consigo mesmo.

A partir de então, devo ter ficado, provavelmente, uns oito anos sem beber absolutamente nada com teor alcoólico. Às vezes, para evitar que alguém se incomodasse por mera cortesia ou outro me importunasse por insistência, pedia um guaraná ao garçom – com muito gelo, como se fosse uísque. Bingo. Sem recaídas. Virou um meio segredo entre mim e os garçons. Em quase todos os lugares em que eu aparecia, eles já sabiam do truque.

Passei, sinceramente, a pensar que as pessoas bebem não pelo gosto. Porque a bebida, de forma geral, é muito ruim, a cerveja, o conhaque, o uísque, a cachaça. Cheguei à conclusão de que se bebe pelo efeito.

Aquela história de uma ou duas doses para descontrair.... Um dia, tentei botar um uísque na boca e não consegui. Acho mesmo que o consumo é mais pelo "barato" que pelo paladar. E cheguei à triste conclusão de que eu bebia sem gostar.

    A exceção fica para o vinho. Num almoço, num jantar... Uma taça. Dizem que é um bom remédio para o coração. Gosto de um tinto, um branco. É agradável, saboroso, mas eu não sou conhecedor. Não sou "enochato".

Ele navega no rio dos bem-sucedidos

por João Doria Junior

*L*á se vão 26 anos. É quase uma vida. Quem nos apresentou foi o também mineiro e ex-ministro da Indústria e Comércio José Hugo Castelo Branco, um homem por quem tenho enorme respeito e a melhor memória. Era 1985, no período em que assumi a presidência da Embratur, no governo José Sarney. Se eu tinha uma grande admiração pelo José Hugo, quando um amigo endossa um amigo, o apresenta, ele chega com aval, valor determinado, chancela. Com o Paulo Cesar de Oliveira foi assim.

Daí fomos estreitando os laços, porque o Paulo Cesar sempre foi muito afetuoso, gentil. Eu me motivo muito pelos gestos. E o Paulo é uma pessoa que sabe fazer gestos que cativam, emocionam. Por várias vezes me homenageou em Belo Horizonte, principalmente durante minha gestão à frente da Embratur. Mas o mais importante: antes e depois dela. Você tendo poder ou não, o PCO, a quem chamo também carinhosamente por Paulinho, é a mesma pessoa.

PCO é um jornalista brilhante, excelente articulador e integrador de pessoas. Tem a sensibilidade mineira elevada à potência máxima. Nos recebe sempre com aquele mesmo tom de voz. Profissionalmente, sempre foi um colunista bem informado, competente, conciso e feroz quando necessário. Então, além da amizade, foi um caminho natural nossas iniciativas em parceria por conta do belo trabalho que ele e os filhos, Gustavo e Paulinho, realizam em Minas Gerais.

Isso permitiu que estendêssemos nossas políticas de atuação do Lide em Minas, onde trabalhamos em conjunto há um ano. Foi uma gestação breve, porque tínhamos objetivos comuns e bem definidos. Hoje o Paulo Cesar e seus filhos, Gustavo e Paulinho, dirigem o Lide em Minas Gerais, dignificando esta instituição, o maior agrupamento empresarial do país, com a respeitabilidade mineira e a tradicional eficiência da família Cesar de Oliveira.

E esses encontros do Lide, o Grupo de Líderes Empresariais, que hoje reúne em torno de mil empresas, ou o equivalente a 46% do PIB do Brasil, são uma valiosa contribuição em todos os sentidos. Ganham os que se relacionam, se envolvem, os que patrocinam. Ganha a iniciativa privada, ganha o setor público. É um benefício compartilhado. E um jogo em que todos saem vencedores é sempre positivo.

Isso só reafirma uma característica importante do Paulo Cesar para o êxito como empreendedor: a perseverança. Quem conhece o mercado mineiro sabe perfeitamente os desafios de, em menos de 10 anos, lançar duas revistas de sucesso e tocar os negócios como ele tocou. Pessoas que desistem rápido navegam no rio dos fracassados. Ele navega no rio dos bem-sucedidos.

Dá prazer reencontrá-lo, seja num momento de trabalho, fora dele, seja para falar de política, de negócios, do queijo de minas ou de goiabada. Nossa relação é bastante fraterna, de frequentar a casa um do outro. Nossas esposas são amigas. E o Paulo é um homem admiravelmente agradável, previsivelmente bom.

> **João Doria Junior** *é paulista de São Paulo, onde nasceu em 1957. É jornalista e publicitário. Foi secretário de Turismo da cidade de São Paulo e presidente da Embratur. Preside o Grupo Doria. É fundador e presidente do Lide – Grupo de Líderes Empresariais. É acionista e presidente do Conselho de Casa Cor, maior evento de arquitetura e decoração das Américas e o segundo maior do mundo. Apresenta o programa* Show Business, *na Band, e o* reality show O aprendiz, *na Rede Record.*

Comunicar de olho no futuro

Quando eu penso no papel de um grupo de comunicação, tenho convicção de que ele está para além do ofício fundamental de produzir revistas e jornais, que é o nosso caso. Creio que estamos também a serviço da reflexão. De elaborar, debater, enfim, buscar respostas e de alguma forma tentar apontar que tipo de país queremos. Eu quero o que cresça com equilíbrio, inteligência, um mercado vigoroso, infraestrutura de primeiro mundo, justiça social, chances para todos.

Uma das formas de contribuir para esse campo de ideias, com o olhar para o futuro, foi a promoção de encontros mensais em nosso Espaço V, dedicado a eventos, onde realizamos um almoço chamado Conexão Empresarial. Trazemos sempre um convidado peso-pesado. Em 2011, a abertura foi com o ministro do Desenvolvimento, o ex-prefeito de Belo Horizonte Fernando Pimentel. Por lá, já tivemos nomes como o economista Paulo Haddad, ministro do Planejamento e da Fazenda no governo Itamar Franco. Aliás, um dos indutores desse projeto.

A primeira edição foi com Haddad e Paulo Paiva, ministro do Trabalho na gestão de Fernando Henrique Cardoso. Também passaram figuras exponenciais como o ex-presidente do Banco Central Henrique Meirelles, o megaempresário Eike Batista, o primeiro importador da Citroën no Brasil, Sérgio Habib – casado com a mineira Sandra Cambraia –, o governador Antonio Anastasia, o ministro da Previdência Social, Garibaldi Alves, a secretária do Planejamento, Renata Vilhena. Em média, reunimos aproximadamente 120 empresários dos mais expressivos segmentos.

Há uma edição ampliada, promovida em Tiradentes, que já entrou para o calendário de debates do Brasil. Em junho de 2010, com 400 participantes, tivemos entre os palestrantes a candidata e futura presidente Dilma Rousseff, os então candidatos ao governo de Minas Antonio Anastasia e Hélio Costa, o presidente da Usiminas, Wilson Brumer, o presidente da Unimed, Helton Freitas, e o presidente da Dotz, Roberto Chade.

De uma quinta a um domingo, naturalmente o ponto alto foi a presença da futura presidente Dilma, ou presidenta, como ela gosta de ser chamada. A sintonia era tamanha que começamos com coquetel na praça, *buffet* de comidinhas mineiras do Cantídio Lanna, e as pessoas da cidade se juntaram aos convidados para o Conexão Empresarial. Uma confraternização espontânea e marcante.

À noite, no jantar, show do MPB-4 e uma atmosfera bem própria de Tiradentes, que nos remete ao passado justamente para dele extrairmos lições para o que virá. No dia seguinte, um sábado, programas esportivos e um show excelente, à noite, com Toquinho. Projeto que foi reconhecido, se repetiu em 2011 e certamente vai seguir como um marco para as reflexões sobre o país.

Colocando Minas Gerais no centro das atenções

por Paulo Paiva

*P*aulo Cesar segue a linha do colunismo social moderno, criada no Brasil por Jacinto de Thormes e seguida por Ibrahim Sued e Zózimo Barroso do Amaral. Colunismo que combina notícias sobre a vida em sociedade com informações privilegiadas em política. Em seu blog, Paulo Cesar tem se revelado também um colunista bem informado sobre conjuntura econômica.

Acho que temos algumas coisas em comum que nos aproximaram. Primeiro, a discrição. Tanto ele quanto eu somos muito discretos e reservados. Segundo, nosso interesse pelas questões de política e economia e, sobretudo, nosso interesse por Minas Gerais.

Conheci Paulo Cesar já faz muitos anos. Me recordo que os primeiros contatos foram quando ele tinha o caderno Fim de Semana no jornal Estado de Minas e eu fui incluído entre os Melhores de Minas, na categoria economia. A premiação aconteceu em maio de 1990.

Foi antes que eu iniciasse minha trajetória na vida pública. Como tenho muito orgulho de minha experiência pública, imagino que aquele troféu, que guardo com carinho em minha casa, funcionou como um talismã ao longo de minha vida.

Temos caminhos profissionais paralelos: ele jornalista e eu professor universitário e, posteriormente, agente público (não sei como classificar minhas funções na administração pública), mas no exercício dos cargos públicos tive oportunidade de me relacionar com ele *por inúmeras vezes, seja em eventos sociais, seja em cerimônias públicas, seja participando dos diversos eventos que ele promoveu.*

Um deles é o Conexão Empresarial. Paulo Cesar me informou sobre seu projeto, ainda na sua definição, e me convidou para falar na sua primeira edição. Entendi que o Conexão Empresarial viria a preencher uma lacuna importante ao estimular o debate de questões relevantes ao dia a dia dos empresários mineiros e, ao mesmo tempo, servir como espaço para a interação e o networking *relevantes aos negócios na nossa capital. Creio que de várias formas ele, como jornalista, tem contribuído para essa melhor compreensão sobre o papel e os desafios no caso do setor público: pela divulgação da informação, de maneira clara e imparcial; pela visão crítica que exige maior transparência e prestação de contas daqueles que exercem função pública; e, finalmente, pela possibilidade de educar a população sobre a importância da avaliação da notícia. Destacando, aqui, a origem e a credibilidade de quem informa.*

Acho que Paulo Cesar tem sido um inovador na imprensa mineira. Corajoso, criativo e motivador. Suas iniciativas, sempre de sucesso, são muito importantes para colocar Minas Gerais no centro das atenções em nosso país. Sua contribuição é muito relevante, tanto como jornalista, com uma história de grande sucesso, quanto como empresário, inovador, empreendedor e bem-sucedido. Um formador de opinião em Minas Gerais.

Paulo Paiva *é mineiro de Ouro Fino, onde nasceu em 1940. Professor da Fundação Dom Cabral e professor aposentado da UFMG. No governo de Minas Gerais exerceu os cargos de secretário de Planejamento e Coordenação Geral, 1991-1994 (governo Hélio Garcia); secretário de Transportes e Obras Públicas, 2006; presidente do BDMG, 2007-2010 (governo Aécio Neves/Antonio Anastasia). No governo federal, foi ministro do Trabalho, 1995-1998; e ministro do Planejamento e Orçamento, 1998-1999 (governo Fernando Henrique Cardoso). Foi também vice-presidente de Planejamento e Administração do Banco Interamericano de Desenvolvimento (BID), 1999-2004.*

Multiplicar para crescer

A *Viver Brasil*, da VB Comunicação, tem mais rasgos de ousadia que o lançamento da revista que leva o nome do grupo. Meu filho Paulinho enxergou na *Robb Report*, revista americana de quase 40 anos, dedicada ao mercado de alto luxo, um nicho para lá de especial. Buscamos o título para o Brasil. Sob nossa chancela, circula no país desde janeiro de 2010. Uma publicação marcante. Editorial e comercialmente, o escritório opera em São Paulo. Por aqui produzimos de 60% a 70% do conteúdo editorial. O restante vem dos Estados Unidos. E a tiragem alcança 30 mil exemplares. Naturalmente, a *Robb Report* não nos escolheu por acaso. A sede da editora é na Califórnia, a base em Nova York. Nas negociações, apresentamos um histórico sobre o grupo Viver Brasil, os pontos fundamentais da minha longa trajetória. Os americanos estiveram aqui e não fariam uma opção que não considerassem criteriosa e confiável.

Como acredito – e muito – no produto impresso, havíamos lançado em dezembro de 2008, capitaneados pelos meus filhos, Gustavo e Paulinho, o *Correio Semanal*, hoje o jornal *Tudo*, parceria da Viver Brasil e da JChebly, uma das mais tradicionais empresas do mercado de publicidade, *outdoors*, placas e mídias em aeroportos. Quinze mil exemplares distribuídos gratuitamente de segunda a sexta, no Aeroporto Internacional Tancredo Neves, em Confins, e aos sábados 20 mil exemplares na Zona Sul. Em papel couché, com resumo da semana e, acima de tudo, analítico.

E a dinâmica do mercado nos levou a encorpar, redirecionar o produto e realinhá-lo editorialmente. Em 2011, mudamos o nome, passando para *Tudo*. Agregamos páginas, mais reportagens de comportamento, alcançamos uma tiragem gratuita de 35 mil exemplares semanais, com penetração em boa parte da região Centro-sul de Belo Horizonte, além de seguirmos com a presença em Confins. Daqui a alguns anos quero falar também sobre ele como um marco jornalístico.

Me queiram bem

O mundo dos jornalistas e, sobretudo, o dos colunistas é feito de reconhecimento, mas, noutra ponta, de incompreensões. Ninguém escapa delas. Eu não iria escapar. Confesso que em boa parte das situações não consegui compreender exatamente o porquê. Isso funciona tanto do ponto de vista profissional quanto pessoal. Há pessoas que, não se explica a razão, não o compreendem. Talvez por minha maneira de ser. Sou mais fechado. Muitas, quando me conheceram, mudaram. Então, o enrosco talvez esteja nisso. Sou fechado, tenho aversão a puxa-sacos. Quem sabe o problema seja esse?

Numas poucas circunstâncias, atribuo à inveja. Inveja mesmo, o mundo é cheio disso! E eu sempre digo que é um sentimento que faz muito mal. Nessa caminhada, graças a Deus, obtive a graça de não ter despeito dos outros. E, mesmo eventualmente incompreendido, tento, por convicção, fazer o bem.

Agora, há as motivações comerciais, políticas e de outra ordem. E isso implicava queixas à direção do jornal. E me deixavam furioso. Era só naquele momento – porque o problema é guardar o rancor. Vivi uma situação assim com um político sobre o qual há muitos anos dei uma nota dizendo que ele queria ser o indicado à prefeitura de Belo Horizonte. Ele era muito amigo do jornalista Délcio Monteiro de Lima, meu contemporâneo, e mandou um recado: "Diga a esse Paulo Cesar para nunca mais colocar o meu nome na coluna dele".

Pediu e eu atendi. Nunca mais, nunca mais mesmo, ele foi citado por mim. Nem neste livro será. O fato é que ele havia viajado atrás do então governador Francelino Pereira para insinuar que fosse o futuro prefeito, num tempo em que prefeitos eram nomeados. Sei que obedeci a ele. Já tentou várias vezes voltar ao noticiário. Comigo não volta.

Isso não significa que ando por aí com um índex, na linha do "isso pode, isso não pode", "esse está dentro, esse está fora". Os canais se fecham de vez em quando, mas, se uma pessoa faz algo contra mim, isolo, dou um gelo, morre. Não guardo mágoa, graças a Deus. Tenho raiva momentânea, que é tolerável. Rancor, não. Não desejo mal a ninguém. Talvez, por isso, tenha me dado bem na vida.

Uma visão além das fronteiras de Minas

por Ricardo Vicintin

F oi em meados dos anos 1970 que conheci o Paulo Cesar. Daí nossas trajetórias sempre se cruzaram.

Eu o definiria como um homem voltado para a defesa dos interesses de Minas, seja na política, seja no desenvolvimento da indústria.

Foi meu consogro, o ex-deputado e atual vice-presidente do Banco de Desenvolvimento de Minas Gerais, José Santana, quem nos aproximou. Não nos encontramos com uma periodicidade normal, mas posso dizer que nos vemos sempre que um precisa do outro, seja em que circunstância for. Eu tive uma época difícil em minha vida, após a queda do Muro de Berlim, quando o setor de metais passou por diversos ajustes, e minha empresa enfrentou muitas dificuldades. Ele foi dos poucos que sempre ficaram ao meu lado, me incentivando e ajudando.

Se tivesse que apontar sua maior virtude, diria que é o caráter. E aproveito para observar que a timidez dele é sempre mal interpretada pelos que não o conhecem. Ser um homem de caráter não é coisa que se constrói, é coisa que se herda do pai e da mãe. Ele conseguiu, além de ter herdado, passar isso aos filhos. Caráter, lealdade, coisas raras de ver hoje em dia.

Como empreendedor, tenho a convicção de que, no Brasil, só quem tem obstinação consegue se manter. É o caso dele. Só ele para fazer em Belo Horizonte um evento relevante como o Conexão

Empresarial. Sua visão e a dos filhos, nesse aspecto, vai além das divisas de Minas.

Como jornalista, sua melhor contribuição é aquela essencial, que ele cumpre muito bem: sempre fala a verdade.

> **Ricardo Vicintin** *é paulista de São Paulo, onde nasceu em 1949. É fundador do Grupo Rima, cuja origem remonta a 1952, quando o pai, Oswaldo Vicintin, criou, em São Paulo, a Metalur. Em 1974, mudou-se para Minas Gerais e fundou a Eletrometalur em Várzea da Palma, norte de Minas, chamada de Rima Industrial a partir de 1982. É a maior produtora nacional e quarta mundial de silício metálico. Atua ainda em mineração e reflorestamento, além do ramo automotivo, produzindo blocos de motores.*

O Rei Roberto no meu aniversário

Imagine ter o maior ídolo da música brasileira à mesa com você exatamente no dia do seu aniversário. Pois aconteceu comigo. Por obra e conta do acaso. Eu sou fã incondicional do Roberto Carlos. Vou a inúmeros shows dele. Sou suspeito para falar da grandeza do Rei. Estive nos espetáculos em Belo Horizonte, no Rio de Janeiro, em São Paulo. Mas pensem agora no Roberto quando ele ainda não tinha fama...

Às vezes é até difícil a alguém imaginar algo assim. O detalhe é que ele foi fazer uma apresentação em Montes Claros, ali pelo começo dos anos 1960. Coincidentemente, era dia do meu aniversário, 9 de novembro. Fomos comemorar no Clube Montes Claros. E o Roberto, na época, não era mais que um *crooner*. Já tinha passado a fase Bossa Nova, cantava Jovem Guarda. Mas não havia delírio de fãs ou garotas enlouquecidas na plateia. Depois do show, já não me recordo por que casualidade, foi para nossa mesa, onde estavam, entre outros, meus irmãos Roberto e José Eymard, além do meu primo Ricardo Fernandez Silva. Ficou com a gente até as 4 horas da manhã. A conversa foi pura amenidade. Tanta amenidade que não me lembro rigorosamente de nada. Hoje é um *popstar*. Absoluto há quase 50 anos.

Música, aliás, é uma das poucas coisas que despertam em mim o saudosismo. Gosto da brasileira. Alguma coisa da americana. No fundo, aprecio a boa música. Ouvir um Frank Sinatra é um presente dos deuses. Tive o privilégio de estar presente ao Maracanã, quando ele veio, em 1980. Dizem que o próprio Sinatra se surpreendeu. Eu assisti, bem localizado, entre as 120 mil pessoas que estavam lá. Era algo magistral e inexplicável. No momento em que ele cantava, vinha aquele silêncio sepulcral. Foi o grande espetáculo da minha vida. Nada que se compare.

E me vejam agora abraçado à saudade, ao mencionar um Cauby Peixoto, de quem eu gosto muito – certa vez cantou no sítio Sentinela, de propriedade da minha ex-mulher e dos meus filhos –, Nelson Gonçalves, Altemar Dutra, Agostinho dos Santos, Elza Soares, Eliana Pittman (minha amiga até hoje). Essas figuras têm voz. Hoje, até eu canto bem com a parafernália que existe por aí.

E saber que tivemos gente fabulosa como a Clara Nunes... Foi minha amiga. A conheci numa boate, a Chez Rohan, na Rua Goitacazes com Espírito Santo, no centro de Belo Horizonte. Eu morava ali perto e, em vez de ir para casa, ia para a *night*. Conheci a Clara ainda começando, ali por volta de 1964, 1965. Um tempo depois, a levei a Montes Claros para um show. Um cachê bacana. Ela ficou encantada. Posteriormente, fui a um jantar de uma empresa de crédito imobiliário, num evento fechado, no Rio de Janeiro. A Clara no palco. Eu estava numa posição em que ela, de lá, me avistou. Na época, o artista conversava com o público. E Clara, como uma cantora já famosa, interrompeu para me saudar: "Estou vendo ali o meu amigo Paulo Cesar de Oliveira". Eu tomei um choque.

Já a Eliana Pittman estava em uma temporada em Belo Horizonte quando a conheci. Ainda não tinha estourado. Um amigo a namorava e me convidou para o show. Fui, ficamos íntimos. Quando fiz 60 anos, houve uma festa no Automóvel Clube. A Luiza Lanna, minha mulher, me fez uma surpresa. Trouxe a Eliana para cantar uma de minhas músicas preferidas, "Emoções", de Roberto Carlos. Há noites que são inesquecíveis, e esta foi uma delas.

Uma visão macro de país

por Caio Luiz de Carvalho

Paulo é um apaixonado por sua terra, Minas Gerais, mas tem uma visão de Brasil e de mundo muito competente. Exercita com perspicácia sua concepção estratégica sobre grandes temas nacionais. É bem informado como poucos e respeitado. Eu já o conhecia por sua atuação como jornalista conceituado entre os mineiros. Em 2000, um amigo comum, Walter Alvarenga, então meu chefe de gabinete, nos apresentou. Eu era presidente da Embratur. Me recordo que ele foi o primeiro a me receber em Minas quando, em 2002, o então presidente Fernando Henrique Cardoso me nomeou ministro de Esportes e Turismo. Desde então, temos uma relação muito sadia, com troca de ideias e de informações.

Não posso esquecer de um jantar que o Paulo me ofereceu em sua casa, em BH, com figuras importantes e queridas. Nesse dia, Fernando Pimentel, hoje ministro, então vice-prefeito, estava assumindo interinamente pela primeira vez a prefeitura, com o afastamento de Célio de Castro.

É um jornalista muito antenado nos acontecimentos. Eu comecei o tratando de PCO, e hoje o trato como Paulo. Sua gentileza em me receber e me apresentar a pessoas especiais em Minas, sua visão macro de país e sua disposição de sempre blindar das sacanagens políticas os amigos que respeita foram coisas que nos aproximaram.

Como poucos que vi, ele é dono de uma vontade de sempre crescer na sua atividade. E dá gosto deparar com projetos vitoriosos como o Conexão Empresarial. Mas só é vitorioso por ter a credibili-

dade de origem. É uma coisa muito própria dele, um obstinado, que não conhece a palavra "impossível" ou a expressão "não dá".

E num país como o Brasil, que perde a vergonha e aceita passivamente a engrenagem da corrupção, que abrange tantos setores públicos e privados, o olhar jornalístico e seu poder de desnudar o mal são cada vez mais importantes.

Passando por Minas, recordo um aperto que vivi em BH, quando ministro, na hora de um dos eventos de premiação a personalidades organizados pelo PCO. Eu deveria entregar um dos prêmios e discursar. Meia hora antes, ao me barbear no hotel, me cortei feio e nada de parar de sangrar. Uma amiga em comum me ajudou e foi até a farmácia comprar uma providencial pedra-ume. Bendita pedra.

Caio Luiz de Carvalho *é paulista de São Paulo, onde nasceu em 1951. Foi coordenador de Turismo do Estado de São Paulo (1985-1988), secretário nacional de Turismo e Serviços no governo Itamar Franco (1992 a 1994), presidente da Embratur (1995-2002), presidente do Conselho Executivo da Organização Mundial de Turismo (1998-2000), ministro de Esportes e Turismo no governo Fernando Henrique Cardoso (2002). É professor doutor da FGV-SP e presidente da São Paulo Turismo.*

Um toque de feminilidade

O casamento foi tradicional, numa igreja, a Sagrado Coração de Jesus, em Belo Horizonte. A festa foi num hotel, o Del Rey, onde passei uma temporada da minha vida. Eu conheci Dolores Alkmin, a mãe de meus dois filhos, Gustavo e Paulo, em Montes Claros. Começamos nosso namoro por lá, no início da década de 1970. Nos casamos em 1974. Foram quase 20 anos de convivência.

Os gênios eram muito diferentes. Em toda separação alguém sai machucado. Às vezes, os dois. O ato de se separar consuma o fim de uma relação que já havia acabado. Quem toma a decisão sai melhor. O outro fica com sentimento maior de perda. Se a relação acabou, não adianta prolongá-la.

Depois, casei com a Beth Pimenta. Ficamos juntos uns oito anos. Por fim, a Luiza Lanna. Já estamos juntos há oito anos. É uma relação muito boa, extremamente agradável. O curioso é que eu já conhecia a família dela muito antes de estar com ela. Eu era amigo da mãe, Pichita, dos irmãos, Cantídio, Edmundo. Conhecia a Maria Tereza. Engraçado é que, quando eu falei com a Pichita sobre o namoro, ela reagiu com um doce espanto: "Não estou assimilando isso ainda".

Eu frequentava o círculo familiar, conhecia a Luiza, que é professora de ginástica, uma das precursoras do pilates por aqui, mas sem ter intimidade nenhuma, nem relacionamento. Era de cumprimentar. Ela dizia que eu tinha a cara muito fechada. Para minha felicidade, mudou de ideia. Antes, eu havia me separado, namorado por um ano, me separado de novo. Bati com a Luiza pela frente. Mais não conto, porque coisas pessoais são muito pessoais...

Com ele de corpo e alma

por Maria Luiza Lanna Anastasia Cardoso

Sou encantada por ele. Faço questão de falar isso todos os dias. Paulo Cesar é uma pessoa de gosto muito simples, apesar de sofisticado em se vestir. Ele gosta muito de família. É extremamente voltado para a família dele e agora para a minha também. O que me dá o maior prazer. Ele é muito agregador. Gosta muito da minha mãe, dos meus irmãos, aos quais sempre foi muito ligado, principalmente o Edmundo. Frequenta, procura. Isso é uma coisa que me conquistou muito.

Em abril, vai fazer 10 anos que fiquei viúva. Eu conhecia o Paulo Cesar bem antes, como jornalista, o encontrava às vezes na casa de um amigo ou de minha mãe. Mas não havia intimidade nem conversa. Eu dizia depois a ele, brincando, que eu tinha até medo, ele com aquela cara fechada.

No ano em que perdi meu marido, com um AVC, depois de 34 anos de casamento, ali pelo mês de novembro ele me convidou para o evento de Os Melhores, já na época do Hoje em Dia. Não fui. Me ligou em janeiro. No Carnaval, era 2003, eu estava em Barbacena, na casa de uma de minhas filhas, a Luciana, e chega lá o Paulo Cesar. Foi de ônibus. Muita gente morre de rir desse caso. Era o domingo de Carnaval. Tocou a campainha. Aparece ele, dizendo que tinha ido lá para me ver.

Trinta e quatro anos casada, eu queria dar um tempo na minha vida. Me reestruturar. Me casei muito nova, aos 19. Queria me equilibrar, ver onde é que eu estava. Ele não deu folga, mas de um *jeito respeitoso. E faz uma provocação sutil: "Você é que deu corda". Eu tinha receio, hesitei, não sabia fazer uma coisa pela metade. Se me envolvo, me envolvo por inteiro. Mas ele me conquistou. Começamos a namorar mesmo foi num 23 de março. Ele se diverte ao contar como revelou o relacionamento à minha mãe, a Pichita. "Estou me apaixonando, gostando, querendo namorar sua filha". E ela, que o conhecia havia tantos anos, dizia: "Espera aí que não estou assimilando...".*

Eu sou muito caseira. Não sou muito de badalação. O Paulo adora uma rua, sair, bater papo com os amigos. Dia de semana, fico quieta lá em casa, na Pampulha. No fim de semana, venho para a casa dele, fazemos tudo o que precisamos fazer. Principalmente quando é um evento social, de família, tio, primo. No institucional, fico mais longe, e acho que é até cômodo para ele. Assim, vamos indo muito bem. Até porque dou aulas o dia inteiro na minha academia de pilates, que funciona na minha casa.

Quando começamos a nos relacionar, ele fez questão de me apresentar aos amigos de mais tempo. Admiro muito o Paulo Cesar. Tem uma lealdade incontestável com os amigos. E ainda o respeito carinhoso pelas tias, o que teve pela mãe. Está sempre presente na vida da família. Da minha também. Por trás daquela cara fechada, apesar de já rir mais um pouco, há um paizão. É um pai em todos os sentidos. Acho que ele só se deixa conhecer por quem ele quer. E diz: "Não tem importância falarem mal de mim, me acharem chato". Quem não o conhece escuta falar muita coisa, bem e mal. Talvez este meu jeito mais aberto tenha ajudado um pouco a deixá-lo mais aberto também.

Na convivência, sempre para melhorar, falo tudo o que posso falar, quando acho que vou ajudar. Como ficamos separados nos dias de semana, no fim de semana estamos juntos para tudo. Ele cozinha para mim. Prepara um arroz gostoso! E sempre inventa alguma receita diferente. Vou para o apartamento dele às sextas-

feiras. Se não temos o que fazer, acho ótimo. Sentamos, conversamos. Ele gosta de novela, não de todas, e eu acompanho. Às vezes, recebemos alguém para jantar. Faço isso com o maior prazer. Receber os amigos. Organizo tudo, desde arrumar a casa ao que vamos comer.

Ele é exigente; eventualmente, turrão. Mas comigo é uma pessoa fantástica. Já discutimos, o que é normal, mas nunca brigamos nesses nove anos de convivência. É de uma generosidade tamanha. Vejo a admiração que as pessoas, os amigos têm por ele. Tia Marina, Roberto e José Eymard, os irmãos. Eu fui muito bem acolhida pela sua família. Cheguei de peito aberto. Paulo Cesar não deixa a chama da família se apagar.

Talvez haja pais que não fazem o que ele fez pela minha filha, a Luciana, que esteve doente em 2007. Com os meus netos também é supercarinhoso e este sentimento é recíproco.

Como jornalista, escreve muito bem. Fico encantada. Acho que tem uma percepção e uma inteligência para escrever que são fantásticas. E, no trabalho, cobra muito do pessoal, inclusive dos filhos, Paulinho e Gustavo. Mas, como estão com ele há muito tempo, sinto que existe uma fidelidade, uma admiração. Veja o caso da Ana Cortez, da Eliane Hardy, do Denílson.

Como empreendedor, é um sonhador. Talvez não seja aquela pessoa que organiza, mas a que toca para a frente. E não me surpreendeu, de forma alguma, ele ter lançado a Viver Brasil *depois da* Encontro. *É como a saída dele do* Estado de Minas. *Reagiu com rapidez, foi para o* Hoje em Dia. *É perseverante. Vai até o fim. É um trabalhador incansável. Segunda, domingo...*

Nunca está cansado nem para trabalhar nem para sair, viajar ou encontrar com amigos. Na parte social, é sempre muito bem vestido, chique, impecável. É caprichosíssimo. Cuidadoso. Sempre perfumado. Nesse ponto, sou mais bagunceira do que ele. Mas, em compensação, acho que melhorei os trajes esporte dele, que eram muito quadrados. Fico feliz também de tê-lo ajudado a adotar bons hábitos, como esse de fazer ginástica toda manhã.

O que posso dizer é que sempre foi um grande companheiro em tudo. Nós dois tivemos uma sorte de nos encontrarmos a esta altura da vida. Temos uma enorme cumplicidade. A cada dia criando mais carinho pelo outro e confiança mútua. Ele se entrega. Eu me entrego. Não está no papel, mas sou casada com ele de corpo e alma.

> **Maria Luiza Lanna Anastasia Cardoso** *é mineira de Ponte Nova, onde nasceu em 1949. Capricorniana, "pé no chão", é a terceira de uma família de cinco irmãos. É especializada em ginástica há 40 anos. Proprietária do Studio Pilates Luiza Cardoso, dedicado ao pilates, que abrange fisioterapia e preparação física.*

Como é bom dizer "meu filho"

Quem casa quer casa. Quem casa quer filhos. Era assim na minha época. Nunca projetei quantos seriam. Vieram dois e tenho orgulho do que vivemos, dos sentimentos que cultivamos, do que ensinei e aprendi com o Paulinho e o Gustavo. O Paulinho nasceu logo quando eu me casei pela primeira vez, em 1974, com a Dolores. O Gustavo, também desse casamento, veio quatro anos depois.

Era exatamente uma época em que eu andava trabalhando muito e dispunha de um tempo menor do que eu desejava e do que seria necessário para estar mais perto, presente o tempo inteiro com as crianças. Eu estava no *Diário de Minas* e, em seguida, fui para o *Diário do Comércio*. Começava cedo, às vezes ficava o dia inteiro e, com frequência, invadia a noite, em função de compromissos sociais. Eu tinha uma coluna diária e me via obrigado a circular, estar presente numa sucessão de eventos.

Então isso, realmente, fez com que a gente ficasse menos próximo do que seria o ideal, do que pedia o coração. Mas era o meu ofício, e havia o objetivo maior, do sustento para a família, os filhos. Saía às 8 e voltava às 22, meia-noite, 1, 2 horas da madrugada. Mas os fins de semana, ah, esses eram de festa. Colado a eles, presente, muitas vezes nos divertindo em viagens por aí.

Eles foram crescendo, minha vida profissional foi mudando, nossa proximidade chegando a um ponto ideal, satisfatório. E viríamos a trabalhar juntos, na época da *Encontro* e, agora, na *Viver Brasil*. Experiência de trabalhar com filho é realmente enriquecedora, mas não é fácil.

Profissionalmente, acaba sendo mais difícil cobrar dos filhos. Mas não tenho do que me queixar. Nos vemos quase todos os dias, apesar da rotina de viagens de todos nós, com idas a Brasília, Rio e São Paulo.

E, examinando minha trajetória como pai, acho que há passagens circunstancialmente conflitantes, tumultuadas, mas normais na vida de qualquer família. Faz parte. A gente, às vezes, quer transferir algum tipo de experiência para um filho, para que não passe o mesmo tipo de dificuldade que enfrentamos numa determinada fase, mas o jovem deseja viver sua própria experiência. Não custa lembrar que foi assim comigo. O que posso dizer é que, a partir dos meus 25 anos, mudei. Sempre que alguém me relatava uma situação que havia causado um incômodo de qualquer natureza, eu tratava de evitá-la. Uma das mensagens que queremos transmitir aos filhos é esta: cuidem-se.

Essa preocupação pelo zelo nasce no momento em que a gente descobre que vai ser pai. E filho (esta observação é para os que ainda não tiveram a sorte de tê-los) é realmente uma sensação diferente de todas as outras. Deixa a gente com os pés fora do mundo. O ritmo do coração acelerado. Ambos nasceram no Hospital Belo Horizonte, ali na Avenida Antônio Carlos, no Bairro Cachoeirinha. É passar por lá e aquela brisa de contentamento me visitar. Faz bem para o coração.

Depois de tantos anos de convivência, pelo semblante, naturalmente, você percebe como está um filho, ainda que cada um seja cada um.

O fundamental, acredito, é o que transmiti a eles: o sentido do trabalho, da correção, da fidelidade a algumas situações da vida, a amigos. Isso é um legado. Além, claro, de meu exemplo. Da minha trajetória, pautada como ela foi. O exemplo é o que vai na educação.

Sobre netos? Bom, espero, claro, ser avô. A Luiza tem cinco netos e eu digo que são meus netos postiços. Vai ser uma felicidade sem tamanho ver os filhos dos meus filhos. Quero quatro. Dois de cada um. Vou brincar, mas brincar sem correr, porque já estou na linha dos 66...

Escritório no quarto de hospital

por Ana Lúcia Cortez

Não é fácil definir o Paulo. Ele é movido a emoções. É uma pessoa generosa. Tudo nele são as amizades, as convivências. É uma pessoa que, se precisar dele, é o primeiro – e não gosta que os outros fiquem sabendo – a estender a mão, acolher. Não é de ficar comentando.

E, no trabalho, lá se vão mais de 30 anos ao lado dele. Posso dizer que nunca vi uma pessoa tão metódica. A gente se deparava com um problema, pensava, pensava e decidia: "Ah, não vou levar isso ao seu Paulo, não, não vou incomodá-lo". Bobagem. Passava um tempo e lá vinha ele. Uma visão muito além. Muitas vezes, você ensaiava a frase: "Vou fazer...". Aí, ele respondia: "Já fiz". Por exemplo, na preparação para as festas, ele olhava um por um os convites. Eram uns 4 mil que nós enviávamos para o evento Os Melhores. Ele conferia, sabia o que estava errado. Separava e avisava: "O nome está errado, o endereço está errado".

Eu nunca mexia com decoração, buffet. Ele programava tudo. Só não programou a marca PCO, porque essa fui eu que criei. Assim, espontaneamente, ali pelo final dos anos 1980, início dos 1990. Foi para abreviar e evitar tanta repetição nas legendas. Sugeri o PCO e ficou.

É um homem que adora festas. O que puder, ele comemora. Ama receber. Mas essa coisa de cuidar de todos os detalhes muitas vezes o deixava uma pilha. Explodia. Ficava tenso. Mas jamais cometeu uma grosseria. E depois não tinha aquilo de adular. Era como se nada tivesse acontecido. E é muito dele essa postura de tocar a vida para a frente.

Engraçado, porque fui secretária dele por tantos anos, mas era uma expressão que ele preferia não usar. Usava "assessora". Dava um ar mais profissional...

Um dos episódios de que me lembro foi quando ele quebrou a perna. Teve de fazer várias cirurgias. Ficou muito tempo no hospital. E o que aconteceu? Todo mundo ia à noite para o quarto dele, fazia daquilo uma festança. O diretor chamou para conversar, pedir para maneirarem. E lá o Paulo montou uma espécie de escritório, com mesa e tudo o mais. Levou uma máquina de escrever. Produzia a coluna lá mesmo.

Quando a gente fala da história dele, de tanta coisa que passou, nem parece a pessoa tímida que é. Você o vê chegando aos lugares sozinho, se prestar atenção, ele vem com a mão para trás, assobiando, olhando para cima... Vai, vai, até achar um porto seguro. Além disso, é uma pessoa muito, mas muito emotiva. Tanto que, se alguém caminha para elogiá-lo, ele põe aquela couraça, vai desviando o assunto... Já vi situações em que ele, homenageado, agradecia, abria a boca para chorar. Falava dos sentimentos, das lembranças da família. De dona Elza, a mãe, a paixão da vida dele. Dos meninos, Paulinho e Gustavo, que são os seus xodós. Dos irmãos.

Há uma história bem curiosa, faz muitos anos, quando meus filhos eram pequenos. Eu, trabalhando com o Paulo, tive que sair do apartamento em que eu morava. O filho do proprietário ia se casar e ele pediu o imóvel. Fui morar na casa da minha ex-sogra, no Centro, ali na Avenida Augusto de Lima. O Paulo estava viajando para a Rússia. Toca o telefone às 2, 3 horas da madrugada. Minha ex-sogra atende e me chama: "Ana, é o seu chefe". Ele irritado: "O que é isso? Estou ligando para o escritório e ninguém está lá, ninguém trabalha...". Eu ainda meio zonza: "Realmente, seu Paulo, mas é porque são 3 da manhã". Ele se recompôs e perguntou: "Quem aten-

deu?". Respondi: "Foi minha ex-sogra". Depois, ele ligou para o dono de uma imobiliária e mandou arrumar um apartamento para mim. Falou assim: "Funcionário infeliz eu não quero não".

É por essas e outras que, quando ouço a música "Emoções", do Roberto Carlos, me lembro do Paulo. Ele é apaixonado por ela e ela é a cara dele. Pelo amor ao trabalho. Pelo amor aos amigos.

Ana Lúcia Cortez *é mineira de João Pinheiro, onde nasceu em 1954. Trabalhou como secretária de Paulo Cesar de Oliveira a partir de 1980. É secretária da redação na* Viver Brasil.

Conto nos dedos e me orgulho

Sei que rotina é assunto que faz bocejar e decidi alimentá-la com uma missão que a engrandece diariamente: jamais me esquecer dos amigos. Amizade sólida não é algo fácil. Tenho alguns amigos, não muitos. Contam-se nos dedos. E cultivo a concepção de que amigo é negócio muito sério. Mas costumo dizer que amizade precisa ser cultivada permanentemente. Se você deixa de se relacionar, de falar, o elo vai se desfazendo, acaba. Se não troca ideias, divide amenidades, duas, três vezes por semana, vai ficando para trás, esquecido, até beirar a renúncia.

Então, a amizade, isso eu aprendi nos tempos de ginásio do Colégio Marista, em Montes Claros, é algo a ser levado pela vida afora. Não é tarefa simples. Quando menciono essa questão da raridade em poder enumerar uma lista, não enxergo como algo bom ou ruim, mas como uma condição realista. Os irmãos maristas falavam: "De amigos você, provavelmente, não enche uma mão. Duas, nem pensar...".

O fato é que, para não ser devorado pelos vícios rotineiros, um papo que nos conforta conta muito, muitíssimo. E olha que a minha vida começa cedo. Eu levanto, invariavelmente, às 6 horas. Sem despertador. Gosto de despertar com o dia chegando, porque assim extraio das minhas horas o melhor, aproveitando o máximo que posso. Há anos faço isso. Leio os jornais até as 7 e saio.

Três vezes por semana, tento cuidar do corpo. Vou à academia, faço ginástica no mesmo prédio da *Viver Brasil*, no Vale do Sereno, em Nova Lima. São exercícios e esteira com uma *personal trainer*. Na revista, confiro as questões administrativas, acompanho os planejamentos editoriais. As reuniões de pauta são às segundas. Não participo, mas sugiro muitas. E todas passam pelo meu crivo. Fico por lá a maior parte do tempo. Uma vez por semana, o avião vira uma meia casa. Para cuidar dos negócios do grupo, vou a Brasília, São Paulo, ao Rio, a uma das três ou às três cidades, dependendo da necessidade.

Por aqui, eventualmente vou a um jantar, um coquetel, embora hoje frequente pouco. Ali pelo meio da noite, 21 horas, 21h30, estou de volta em casa. Vou ler um livro, completar a análise dos jornais, assistir televisão, dar uma passeada pela internet. Ou cuidar da produção de algum texto. Raramente durmo antes de 1, 2 horas da madrugada.

Eu, por meus olhos

Não é nem um pouco fácil falar da gente. O melhor talvez seja perguntar para os outros. Essa é uma forma de evitar a imodéstia ou o excesso de humildade. Costumamos ser rigorosos ou tolerantes demais conosco. Os amigos, ah, como são generosos, mencionam firmeza, obstinação e lealdade quando querem me elogiar. A gratidão é realmente um de meus valores. E não posso esperar outra coisa daqueles com os quais convivo e tenho laços fortes, senão fidelidade.

E o defeito, quem sabe, reside na teimosia. Assim dizem também os amigos. Mas eu acrescentaria a franqueza, que incomoda, é mal compreendida. Até para confessar a alguém, que me olhará com ar de espanto, que minha atividade preferida é trabalhar. Que, tendo a chance, eu gostaria de voltar à Terra sendo eu mesmo, só que com um pouco mais de bagagem cultural.

Perguntem sobre heróis e eu responderei Juscelino Kubitschek, uma personalidade que me inspira e fascina. Reduza o mundo a uma palavra, e eu elegeria amor. Na outra ponta, condenaria a falsidade. E, se interessa a alguém, minha cor preferida é a azul. Minha flor, a orquídea. Por fim, como eu gostaria de morrer? Não, eu não gostaria de morrer. Acima de tudo, eu não gostaria de morrer vivo, porque muita gente morre estando aqui. Conheço várias pessoas que morreram e estão aí, literalmente, vagando. Então, que essa escolha fique com Deus.

Galeria

PCO, Paulo Cesar Santiago e Ibrahim Sued.

Amaury Jr.,
Sônia Sahão
e PCO.

Márcia Peltier, PCO,
Cláudia Tavares e
Joseph El Bacha.

Gilberto Amaral,
Fernando Collor e PCO.

O alfaiate paulista Michael e PCO

Ontem atleticano, hoje cruzeirense

Desde criança, ainda morando em Montes Claros, tornei-me atleticano por circunstâncias paternas. Papai era torcedor doente do Atlético, num tempo em que o Galo era soberano em Minas Gerais. E o América também era uma potência – meu tio Márcio Lopes de Oliveira, o Márcio Bode, irmão de papai, era americano –, enquanto o Cruzeiro engatinhava em tradição.

Lembro-me que quando vinha a Belo Horizonte, de férias, um dos programas que mais gostava era assistir a treinos do time do Atlético. Imaginem só!! Eram feitos ali no Campo de Lourdes, área que anos mais tarde foi transformada num shopping. Claro que virei um frequentador do Mineirão, inaugurado em 1965. Fui várias vezes. Tanto que até perdi a conta. Um fanático. Mas o ano de 1967 reservaria uma reviravolta na minha vida de torcedor. Um jogo entre Atlético e Cruzeiro foi a pá de cal no meu amor pelo Atlético. A partida ia bem, sob controle, a gente fazendo a festa na arquibancada, porque vencíamos por 3 a 0.

Me recordo de dois gols de Lacy. Campo lotado. No segundo tempo, a surpresa. Natal descontou uma vez, outra mais e, no fim, houve um surpreendente empate do Cruzeiro, por 3 a 3. Se tivesse mais alguns minutos, tudo indicava que a Raposa teria comido o Galo. Foi uma frustração absurda. Fiquei decepcionado com o Atlético e, a partir daí, decidi romper. De verdade. Radicalizei. Deixei de ir ao Mineirão e, por mais que muitos não acreditem, parei de torcer pelo Galo. A decepção foi tamanha que perdi o interesse por futebol. Nem mesmo ler sobre o esporte eu lia. Reconheço que foi uma decisão dura, que me perturbou por um tempo. Me acostumei depois, sem cicatrizes. É aí que vem a parte mais curiosa e que a maioria julgaria improvável. O tempo foi passando e eu simpatizando com o Cruzeiro, desde a década de 1960 um clube vencedor, que montou times imbatíveis. No fundo, de futebol eu só me empolgava e me envolvia em Copa do Mundo. Eu estava presente naquela fatídica derrota do Brasil para a França, em 1998, quando o atacante Ronaldo, o Fenômeno, entrou no Stade de France como se fosse um zumbi. Tinha passado mal à noite e, sabe-se lá como (a verdade um dia ainda virá à tona), figurava entre os titulares. Ronaldo não conseguiu fazer absolutamente nada, a Seleção Brasileira foi envolvida, com seus jogadores atônitos e incrédulos. França campeã da Copa do Mundo. E, pior: deixei de vender ingressos por US$ 5 mil...

Alguns meses antes, eu havia vivido outra aventura futebolística. Fui assistir ao jogo do Cruzeiro com o Borússia, da Alemanha, pelo Mundial Interclubes. O campeão da Libertadores contra o campeão da Europa. A Raposa fez um junta-junta de última hora, contratou jogadores como os atacantes Bebeto (ex-Vasco) e Donizete, o zagueiro Gonçalves (ambos ex-Botafogo), mas perdeu o título por 2 a 0. Festa em Belo Horizonte, mas dos atleticanos. Depois do jogo, eu e o empresário Ricardo Vicintim fomos até o apartamento do então presidente Zezé Perrella – nos hospedamos no mesmo hotel. A cena foi entre comovente e impiedosa. Ele absolutamente sozinho. Era o retrato de como pesa uma derrota. Neste dia tornei-me cruzeirense de fato. Sei de outros que também fizeram esse caminho da troca de camisas, mas que até hoje não confessaram. Vou respeitá-los.

De obstinação, lealdade e *cases* mercadológicos

por José Lúcio Costa

*E*ra uma época em que os colunistas tinham personalidade dúbia. Mas não era o caso dele. Poucos transmitiam confiança como o Paulo Cesar. Ele é pão-pão, queijo-queijo. Franqueza, olho no olho. Eu o conheci pela imprensa, ele escrevia no Diário do Comércio, o Jornal de Casa, então um grande must da imprensa. De lá para cá, posso dizer que acompanhei o Paulo nos bons e maus momentos, na vida como ela é.

Nós começamos a nos encontrar em eventos. Acabou se tornando um ótimo amigo, que respeito, admiro e com quem convivo muito. Falamos quase que diariamente, ainda que seja pelo telefone. Temos várias afinidades. E até nossos filhos são amigos, têm mais ou menos a mesma faixa etária. É uma longa convivência, algo em torno de 40 anos.

Se não estou enganado, o primeiro contato foi num evento na casa do Hermógenes Ladeira, na época presidente da Antarctica e meu vizinho de apartamento, ou na casa de um diretor da Sears, o maior anunciante do Jornal de Casa, que viria a trabalhar conosco.

Ele sempre foi muito sociável, muito presente nos eventos. Tive logo uma boa impressão. Mas o achei tímido, um pouco fechado. Ele é autêntico, na dele. Profissionalmente, a memória mais antiga é a de um evento no hotel Del Rey. Como gerente da General Eletric, estava lançando uma linha de geladeiras. Eu o convidei e ele compareceu. Isso era 1968.

E olha a coincidência. Ainda no tempo dele de Diário do Comércio, *fiz meu primeiro anúncio. Me lembro perfeitamente, porque estavam introduzindo as cores. Foi um anúncio da Cook, sobre armários de cozinha, nas cores preta e amarela. Acho que ali por 1977. Mais tarde, como editor dos cadernos de fim de semana no* Estado de Minas *e no* Hoje em Dia, *Paulo teve o mérito de fazer promoções que alavancaram grandes empresários de Minas, ministros, inclusive, modestamente, eu, escolhido como o melhor na Indústria em 1988. Aquilo foi representativo para minha inserção na sociedade no plano empresarial. A partir daí, me tornei vice-presidente da Associação Comercial, da Câmara de Dirigentes Lojistas, diretor da Federação das Indústrias. Foi uma prova, um testemunho da pessoa, vendo a minha vida de luta. Depois, fui convidado até para ser jurado na escolha dos Melhores, já na fase dele no* Hoje em Dia.

A verdade é que passei a respeitar muito mais o Paulo Cesar de Oliveira no momento em que ele se tornou empresário. Quando saiu do Estado de Minas, *foi uma mudança de vida muito grande. Nessa hora, estive muito próximo a ele. Estava sensibilizado. É uma pessoa emotiva. No* Hoje em Dia, *foi editor de um caderno respeitável. Em seguida, um empresário, editor de revistas que se tornaram um case mercadológico, um veículo que estava faltando. Desde o primeiro número, fui anunciante. Não por amizade, mas porque consigo retorno comercial, é uma mídia adequada para meus produtos – principalmente os da Eletroraro, elitizados –, tem visibilidade e é mais durável que um jornal. Ele foi um pioneiro. Quantos fizeram e não deu certo?*

Acho que é mais do que justo reconhecer a perseverança na concepção dos seus objetivos. Não é fácil fazer as várias promoções que fez, durante anos, tendo respeitabilidade e abrangência cada vez maiores. Quantas vezes eu vi o Palácio das Artes lotado, nos seus 1.600 lugares! Realmente, o Paulo Cesar foi um indutor, ao reunir durante tantos anos as pessoas de destaque social, na política, economia, esportes, indústria, cultura e tantas outras áreas.

Sobre suas virtudes, destaco a lealdade a seus amigos, a seus princípios. Tenho uma história pessoal. Num momento de dificuldade, em decorrência da falência de grandes clientes meus, como Arapuã, Mesbla, Mappin, o Paulo esteve mais do que nunca a meu lado, me apoiando. Continuou em nossa relação tanto pessoal quanto comercial da mesma maneira. Ele entendeu perfeitamente a situação. Foi uma prova de amizade. É muito fácil ser amigo de uma pessoa quando está no auge. Até se diz que a derrota é órfã. É muito fácil estar do lado dos vitoriosos.

O ano eu não esqueço nunca. Foi janeiro de 1991, aquele descalabro do Plano Collor, com tablita, deflação, confisco, inflação de 84%, que levou muitas empresas para a bancarrota. Quase que fomos, mas serviu de experiência.

Nesse tempo, o diálogo com Paulo foi o mais franco possível. Escrevi uma carta a ele, me desculpando por ter falhado. E ele a publicou na página mais nobre do seu caderno de fim de semana.

Eu, modestamente, reconheço que também o apoiei no momento em que a dificuldade era dele. Qualquer dificuldade que ele ou eu tenhamos, estaremos juntos, independentemente das circunstâncias. Muitas vezes, o ombro é mais importante que o apoio material.

Não precisamos nem conversar para entender o que está se passando com o outro. Um momento em que pude retribuir a ele o apoio que sempre me deu foi na dissolução da sociedade da revista Encontro. Estive absolutamente solidário, ofereci uma parte de nossas dependências físicas, onde ele manteve a redação por quase um ano. Uma coisa é ser amigo na teoria, outra, é ser na prática.

Falando em negócios, muitas vezes brinco, dizendo que sou mais vendedor do que ele. Me considero vendedor acima de tudo e me orgulho. O Paulo também é excelente vendedor, mas, de vez em quando, é nervoso, na linha do não levar desaforo para casa. Há gente que o decepciona, e ele fica com raiva. Eu, comercialmente, não fico. Ele chega a cortar relações, tratar sem muita cerimônia. É pragmático nesse ponto. Às vezes, toma um chá de cadeira e não volta. Quer que todo cliente seja amigo dele, como ele é do cliente. Tento demovê-lo, mas não consigo.

Tem pavio curto, é duro com quem não é leal a ele. Mas não há quem não reconheça sua determinação de pegar uma coisa e levá-la realmente à frente. Isso até no jeito firme com que trata os filhos. O Paulinho e o Gustavo têm se mostrado jovens de muito futuro e muita personalidade, com certeza sucessores vitoriosos dos empreendimentos do pai.

Na família, testemunhei o quanto ele foi bom filho. Fazia visitas diárias à dona Elza. Eu morava na Goitacazes, na esquina com a Espírito Santo, e me recordo da presença dele por lá. Nós e nossas esposas sempre tivemos um bom relacionamento. A propósito, acho que ele ganhou 10 vezes na mega-sena nesse relacionamento com a Luiza, que eu conheço desde pequena.

Digo essas coisas com a convicção de quem é, literalmente, amigo de cozinha. Na minha casa, há um prato que ele faz, o frango ao molho pardo. Ele faz benfeito. Em 23 de dezembro, já virou uma tradição reunirmos amigos comuns, contemporâneos nossos. Gostamos de tomar um bom vinho. Há quase 10 anos, eu, ele, o vice-governador Alberto Pinto Coelho e o ex-secretário da Casa Civil Danilo de Castro nos encontramos.

Eu e ele almoçamos juntos pelo menos duas vezes por mês. Falamos muito pouco de negócios. Falamos da vida, dos filhos, da política, um pouquinho de fofoca. Vamos ao Splendido, Patuscada, Don Pasquale ou ao Vecchio Sogno. Eu não como carne vermelha. O Paulo vai numa sopinha, uma coisinha mais leve.

Isso faz lembrar uma de nossas viagens a Escarpas do Lago. Ele, como meu convidado, resolveu fazer o tradicional frango ao molho pardo. Queria um frango vivo para tirar o sangue e não conseguiu.

Foi "infanticida" e matou uns frangotes, mais pintos do que frangos, para tirar o sangue, mas acabou saindo um bom prato. Brinco que ele é cozinheiro de um prato só.

Ainda bem que, como empreendedor, está muito além disso. Ele tem a qualidade da determinação, que chega à obstinação. O que me deixa feliz é que isso seja reconhecido no sucesso de eventos como o Conexão Empresarial, algo inovador, importante no relacionamento empresarial com o setor público. Paulo tem também uma característica importante em um empresário, a autoridade. Ele é muito respeitado em seus posicionamentos. Na linha do faça como eu faço. Ele é batalhador, vai em cima, não desiste. Teve percalços, mas são coisas que coroam. Imagine a dificuldade de emplacar uma revista em Minas. Ele emplacou duas! Criar empregos, virar opção editorial, comercial. Uso um ditado cafona para definir tudo isso: vencer sem lutar é triunfar sem glória.

> **José Lúcio Costa** *é mineiro de Belo Horizonte, onde nasceu em 1946. É empresário, proprietário da Suggar, "filha" da Cozinhas Cook, que nasceu num trailer, em 1973. A empresa, criada em 1978, tem 154 produtos, nove deles fabricados no Distrito Industrial de Olhos D'água, em Belo Horizonte, e 145 importados. Tem 884 funcionários. Dirige também a Cook Cozinhas e a Cook Eletroraro.*

A moda, ah, a moda...

Sempre gostei de me vestir bem, sem seguir os arroubos da moda. Quando Collor foi presidente, usava as gravatas Hermès, então todo mundo passou a usá-las. Pelo menos 10 anos antes eu já gostava da Hermès. Minha primeira foi dada pelo arquiteto Paulo de Tarso Cravo de Oliveira, comprada na Elle et Lui, comandada aqui pela saudosa Ana Maria Flecha de Lima Álvares.

E, para ficar na linha, entre os meus alfaiates preferidos estão o Hermano – que conheci quando seu *atelier* era no edifício Helena Passig, no centro de Belo Horizonte, e depois na Maison na Rua Cláudio Manoel, na Savassi – e o J. Batista, que também costura para o industrial Ricardo Vicintin.

Quanto às minhas roupas, são compradas na Klus Moda Masculina, do Salvador Ohana, hoje a mais sofisticada de Minas Gerais. Durante vários anos, minhas camisas sociais eram feitas no camiseiro Waldemar Braga, no Rio de Janeiro. Entre os mineiros que também faziam lá, figuravam o ex-governador Hélio Garcia e o saudoso empresário Walduck Wanderley. Agora, são feitas aqui, em Belo Horizonte, com o camiseiro Teixeira, que trabalhava com o J. Batista. Como roupa boa pede boa combinação, meus sapatos são italianos, e os que prefiro hoje são Prada.

Uma amizade que nasceu entre as gravatas

por Salvador Ohana

*E*u me lembro quando ele veio pela primeira vez à minha loja. Entrou daquele jeito sério, aquela maneira dele. Funcionávamos na Rua Aimorés, ao lado da nossa casa. Fazíamos roupas sob medida, vendíamos uns acessórios. Como eu viajava muito à Itália, França, sempre trazia gravatas importadas. Numa época, trouxe umas 20, 30. Isso foi há mais de 15 anos. Ele pediu para ver algumas. A primeira pergunta que fez foi a seguinte: "São verdadeiras?". Eu ri e disse: "Eu trouxe com nota fiscal da França, são Hermès, como você gosta". Paulo Cesar comprou umas quatro, cinco.

Daí começamos a traçar uma amizade. Ele me convidava para alguns eventos. Em sua época do Hoje em Dia, como editor do caderno "Domingo", levou uma sofisticação muito grande para o jornal, atraiu outro tipo de leitores. Nesse período, passou a ser frequentador da loja. Quem não o conhece, o acha muito sério, muito sisudo. Mas é uma pessoa em quem se pode confiar. Nos tornamos amigos.

Ele é extremamente elegante, vaidoso. Clássico para se vestir. Sempre arrumado, bem-vestido, nunca mais ou menos. Gosta de coisas boas. Prestigia muito nossas marcas.

Recordo que ele seguia no Hoje em Dia e uma tarde esteve na minha loja para contar novidades: "Estou com um projeto novo, você pode me receber?". Era uma revista local, a Encontro. Eu achei *audacioso. Quase não havia revistas locais. Ele falou: "Eu preciso de alguns anunciantes fidelizados para que se realize esse sonho". Foi como aprendi a anunciar em mídia escrita, porque, até então, eu fazia muita mídia de rádio. Acreditei no projeto.*

Na nova empreitada, já o achava um cara destemido. O que ele confirmou depois, ao abrir a Viver, enfrentando um mercado difícil. Mas ele é um nome muito respeitado pela postura, pelas crônicas. Não desfazendo de outros jornalistas, mas ele é uma referência até em outras partes do país. É muito atualizado, faz abordagens pertinentes. Nada de fofoca. Dá dados, faz a parte social, mas com muito equilíbrio. E fala o que pensa. É antenado. Suas crônicas são leves.

Como empreendedor, eu, que o acompanho há longa data, repito que é mesmo destemido. Como repórter e colunista, passou por vários jornais. Mostrou empreendedorismo por fazer o que fez há 10 anos quando tanta gente fracassou... Chegou firme, se manteve e ainda lançou uma segunda revista. É um predestinado.

É um cara que não para. Bastaria citar o exemplo do projeto Conexão Empresarial, sua importância para Belo Horizonte e Minas Gerais, um evento que já entrou para o calendário nacional. Reúne todos os segmentos. A troca de experiência, além dos relacionamentos, é fundamental para os negócios. Ali surgem oportunidades.

E ser empreendedor no Brasil, principalmente os pequenos e médios empresários, é coisa de herói, com carga tributária cada dia maior. De qualquer forma, o Brasil é um país promissor. Por outro lado, não existe mais o "jeitinho brasileiro", hoje é preciso ser profissional. Se não for, quebra. Ao falar disso, me lembro das tantas dificuldades que enfrentamos. Meu pai era alfaiate. Tinha uma pequena alfaiataria na Rua Caetés e, depois, no Edifício Maletta. Com 14 anos, eu o ajudava. Naquela época, eu já tinha visão para o futuro. Contratei uma costureira e fazíamos calças e camisas sob medida. Era 1975. A loja ficava na Rua Rio Grande do Norte, 650, próximo à Aimorés. Funcionávamos na garagem de casa, onde meu pai colo-

cava um Gordini. Eu pegava o sinal, ia ao Centro, comprava o tecido. Daí, em vez de comprar um corte, fui comprando dois, três, no atacado. Devagarzinho, fomos crescendo.

E, nos negócios, o Paulo tem um ponto positivo a mais, porque está ao lado dos filhos. Tem uma bela família, Gustavo e Paulinho bem encaminhados, seus braços esquerdo e direito. Isso é muito bom.

Do ponto de vista pessoal, vejo nele muitas virtudes e uma delas é sua fidelidade à amizade. Brinco com ele, dizendo que só é um pouquinho ciumento com os amigos. Mas até isso o torna uma figura especial.

Salvador Ohana *é mineiro de Belo Horizonte, onde nasceu em 1955. Aquariano. Formado em administração e ciências contábeis, é proprietário da Klus, rede com sete lojas de roupas masculinas para o segmento AA, além da franquia da norte-americana Tommyhilfiger. Emprega 250 funcionários.*

Um quarto, por favor

E pensar que uma reação intempestiva me levou a uma das decisões mais inusitadas da minha vida. Acredito, pela peculiaridade, que seria atípico para qualquer pessoa. Mas aconteceu: passei boa parte da minha história vivendo em um quarto de hotel. E feliz. Tudo começou em 1967, dois anos depois da inauguração do Del Rey, o primeiro hotel de luxo em Belo Horizonte. Tive uma discussão com meu pai e decidi sair de casa, morar sozinho. Tínhamos voltado de Montes Claros em 1964 e morávamos em um apartamento na Rua Goitacazes. A verdade é que eu não tinha condições financeiras para viver fora.

Na época da construção do hotel, eu trabalhava como colunista de *O Diário*, o *Diário Católico*. Tinha vindo para cá o gerente-geral, Eric Baumaier, que entendia muito do setor. Quem o mandou foi José Tjurs, um grande hoteleiro, criador da Rede Horsa. Quando chegou, vindo do Rio de Janeiro, me procurou. Fui conhecer o hotel ainda no período de obras e, daí, eu e o Eric fomos nos relacionando. Era um alemão alinhado, bacana, duro.

Então, naquela manhã, quando ouvi a porta se trancando atrás de mim, me deu primeiro um desespero e depois uma luz. Fui direto ao Del Rey. Conversei com Eric, sondando, mas tentando demonstrar naturalidade. Por dentro, eu era um poço de ansiedade. Joguei no ar: "Estava pensando em me mudar para cá, mas não tenho dinheiro. Como é que podemos fazer?". Na mesma hora ele respondeu: "Paulo Cesar, pode vir agora". Perguntei: "Mas como vamos fazer, se...?". Ele me interrompeu: "Pode vir, vem pra cá".

Ele me deu um apartamento. Fui em casa, busquei minha trouxinha.... Cheguei e fui conversar mais detalhadamente com o Eric. "Como vou acertar com você?". Acabei, indiretamente, me transformando numa espécie de relações-públicas: "Paulo Cesar, você sabe que as pessoas têm receio de entrar num hotel. Temos um belo restaurante, um bar, e existe essa dificuldade de atrair clientes por sermos uma novidade. Você vai morar aqui e pagar com o seu trabalho. Vai trazer gente para almoçar, jantar, para conhecer, para ver que se pode entrar, que não há o menor problema. À tardinha, convidar grupos para o bar. Este vai ser o seu trabalho, você vai morar aqui. Está pago". Ufa! Respirei aliviado.

O curioso era explicar aos amigos, à família, às pessoas do trabalho e outras com quem eu me relacionava essa história de morar em um quarto de hotel. Na realidade, na época ninguém entendia como eu morava no Del Rey. De onde é que eu estava tirando dinheiro para isso. Hoje, em 2011, a equivalência de uma diária seria entre R$ 500 e R$ 600. Foi um tempo feliz, apesar das intrigas, porque havia sempre alguém insistindo: "Você morando no Del Rey, mas como é que é, quanto é a diária lá?". Eu multiplicava por 30. "Mas você ainda almoça e janta por lá?" Eu confirmava, só para aumentar o espanto do curioso. E, na verdade, eu almoçava na casa de minha mãe, ali pertinho. O sujeito pensava: "Esse cara está abonado..."

A minha "residência" ficava no sexto andar. A janela dava para a Avenida Augusto de Lima. Exatamente sobre a gráfica do *Estado de Minas*. Foi uma fase muito importante para mim, até porque, as pessoas, de certa forma, me respeitavam. Porque um cara morando no Hotel Del Rey era um escândalo! Nessa época, eu via lá o senador e futuro presidente e governador Itamar Franco. Um hóspede cativo. Então, foi uma excelente fase de aprendizado, crescimento. Tenho o Eric como um segundo pai para mim. Fazer o que ele fez, quando eu ainda estava iniciando no jornalismo. Sou grato até hoje.

Imagine que eu fui para lá sem saber se ficaria um dia ou dois. Morei por sete anos! De 1967 a 1974, quando me casei. Além do trabalho, da riqueza de relacionamento em receber tanta gente, aprendi algumas coisas com o Eric, um grande gerente. Ele me dizia: "Um hotel precisa ter sempre cara de novo, estar em permanente conservação, 365 dias por ano. Porque, se deixar de ter cara de novo, perde".

E o serviço tinha que ser perfeito. Naquela época, no jantar só se admitia terno e gravata. Não se abria exceção. Numa ocasião, eu estava lá com o Eric e um casal quando chega o Zé Tjurs. Ninguém menos que o dono. E sem gravata. Mandaram voltar. Claro, na maior cortesia, gentileza, sem criar saia justa. Para alguns desprevenidos, o cara que cuidava da chapelaria tinha sempre uma gravata de reserva. Esse rigor administrativo talvez tenha se perdido em algum ponto, porque, infelizmente, o hotel foi fechado em 1998.

Gostei. Fui de novo

Vida de hotel é muito interessante. Depois de sair em 1974, eu repetiria a experiência. Quando me separei, em meados dos anos 1990, fiquei uns dois meses num flat, o San Francisco. Então procurei o Celso Morandi, gerente-geral do Othon, meu amigo, e propus morar lá. O Celso me arrumou uma suíte, bacaninha, dava para morar, com espaço. Fiquei por uns três anos, acho que até 1996. Saí, me casei de novo. Fiquei mais sete, oito anos casado, me separei. Novamente volto para o Othon. Dessa vez, arrumei uma suíte maior, com 100 metros. Mobiliei o apartamento com meus móveis. Foram mais três anos. É bom lembrar que, se você vai morar no hotel, consegue fazer uma boa negociação, não fica ao mesmo custo da diária.

E para quem enxerga esquisitices digo que não havia nenhuma estranheza em morar num quarto de hotel. Achava excelente. No Del Rey, era um padrão *standard*. Só quarto e banheiro. No Othon, da segunda vez, ficou quase como minha casa. Recebia gente lá. Fazia jantares. É muito gostoso, prático. É natural até que mude um pouco com você estando ali todo dia. A camareira passa a ter um carinho especial. Mas o lado operacional é igual ao de qualquer hóspede.

Uma das coisas que me atraem é ter tudo à mão. Se você morar sozinho, é complicado. E tenho uma certeza: se estivesse só, voltaria a morar em hotel.

Tive outra experiência. Em 1985, passei três meses no Copacabana Palace. Mas nesse caso foi uma situação diferente, que conto em detalhes agora. Eu tinha quebrado a perna, fiz algumas cirurgias, a última foi no Rio. Precisava de repouso absoluto, deitado. Na época, tinha uma ótima relação com o Zé Eduardo Guinle, filho do dono, e ele me arrumou uma condição muito boa.

Acima de tudo, um aglutinador

por Cláudia Fialho

*E*u trato o Paulo como Paulinho. É como se fosse um irmão. Paulo Cesar é um grande amigo. Um exemplo como ser humano, como amigo e como profissional. Foi o trabalho que nos aproximou. Provavelmente no início dos anos 1980, quando eu estava no Ceasar Park, em Ipanema, onde fiquei de 1979 a 1984. Era meu primeiro emprego como relações-públicas na hotelaria. Era o melhor hotel do Rio na época. Claro, procurei conhecer o maior número possível de jornalistas. Daí cheguei ao Paulo. Me lembro que ele trabalhava no Estado de Minas.

Nessa época, não adiantava só ler os jornais. Era preciso ler tudo, de cabo a rabo. Da página internacional às colunas. Essa necessidade, essa diversidade de receber do diretor de cinema ao grande empresário, celebridades, todas as áreas do conhecimento, me fascinou na hotelaria. E vejam como esse mundo dá voltas. Convidada pelo Paulinho, fui a um evento no Othon, em Belo Horizonte. Lá, conheci o Phillepe Carrudas, gerente, que acabou me chamando para trabalhar no Rio Palace, em 1985. Era um período em que eu estava muito envolvida com o pessoal da moda, no Rio. Criei o Rio Fashion, organizando os lançamentos das principais coleções, trazendo jornalistas do país inteiro.

Phillepe foi para o Copacabana Palace, e chamou para ser RP alguém de quem ele gostava imensamente e eu também, o Oscar Onstain. No ano seguinte, 1990, o Oscar adoeceu e o Phillepe me chamou. Fiquei lá até 2007, me aposentei. Fiz um período sabático. E voltei, chamada de novo por ele.

Uma das minhas tantas afinidades com o Paulo é ele ser de Belo Horizonte, onde eu também nasci. Sempre olhei muito para Minas, do ponto de vista familiar. E quando vou a Belo Horizonte, em geral, é a convite do Paulo Cesar. É um profissional bastante atuante em toda sua vida profissional, organizando eventos importantes. Ele tem sido o meu elo com Minas.

Eu o reconheço como um colunista excelente, grande repórter, com um faro jornalístico admirável. Mas acho que talvez sua grande marca seja o empreendedorismo. É um homem que poderia estar calmamente sentado numa redação, o que faria muito bem, mas não. Foi sempre um empreendedor, um aglutinador. Colocando as pessoas certas em contato. Um exemplo, aqueles encontros anuais, como os de Tiradentes, pelo Conexão Empresarial, proporcionando rodas entre empreendedores, empresários e políticos. Uma capacidade admirável. Para citar outro exemplo, os almoços na sede da Viver, que também têm esse espírito aglutinador.

O que é gratificante é saber que ele é amigo e sabe manter suas amizades, independentemente da posição que a pessoa está ocupando. Quando me aposentei, o Paulo foi um dos grandes amigos, sempre me ligava, me fazia convites. Quando estabelece uma relação, é para valer. Permaneceu o mesmo quando me aposentei. O mesmo amigo. Quando voltei ao Copacabana Palace, ele continuou a mesma pessoa. Sempre foi linear. Ele me falava: "Acho que você vai voltar". Para mim, isso é marcante.

Cláudia Fialho *é mineira de Belo Horizonte, onde nasceu em 1950. Foi criadora do Rio Fashion, um dos maiores eventos de moda do Brasil. Atuou como relações-públicas dos hotéis Ceasar Park e Rio Palace, no Rio de Janeiro. É diretora de Relações-públicas do Copacabana Palace.*

Empreendedor e jornalista, por que não?

Se tivesse que me qualificar, faria um xis na opção dupla: Paulo Cesar de Oliveira, jornalista e empresário. Além de dirigir a VB Comunicação com meus filhos, seja administrativamente, seja comercialmente, tenho um papel editorial. Estou seguro de que este é útil e criterioso. Acredito que continuo sendo um repórter. Uma vez repórter, repórter a vida inteira. Mas também empresário. E, comercialmente, tenho que zelar pelo mesmo sucesso. Então, não vejo como se as atividades fossem água e azeite. Não há essa dificuldade.

Sei que existe uma corrente contrária no jornalismo, que eu reputo como preconceito. Afinal, não é uma coisa do outro mundo essa história de trabalhar na redação e na área comercial. Não acredito nessa incompatibilidade e não vejo o menor problema. Já recebi críticas por pensar assim, mas não me tocaram, ainda que durassem uma semana ou a vida inteira. Não é possível agradar a todo mundo. E não pensem que eu me irritava. Não havia por quê. Se me incomodasse, não teria chegado ao que construí até hoje.

A leitura que precisa ser feita, até por justiça, é que, tendo chegado ao colunismo, poucos anos depois passei a trabalhar na área comercial por uma necessidade. O salário de um colunista não era um salário condizente com o nível de vida que eu almejava ou da demanda que existia pela missão de dar o sustento à família. Me voltei para o campo publicitário, onde comecei a ganhar comissões. Mas eu não vinculava uma coisa à outra. Tanto é que fiz isso a vida inteira e minha credibilidade, graças a Deus, é intacta. Não é fácil. Felizmente, eu nunca ameacei ninguém, como alguns fazem.

Insisto que o colunismo benfeito não sofre interferência por você atuar comercialmente. O mesmo vale para o jornalista. Mas respeito o princípio de que jornalistas, por origem, torçam o nariz para essa mistura. Não enxergo aí nenhum mal. Até porque o profissional lúcido sabe que, se a empresa não estiver faturando bem, ele não tem como receber. E o que faz um grupo de comunicação é o conjunto: um bom conteúdo editorial e uma boa área comercial.

Há várias boas publicações que, sem retorno em publicidade, não sobreviveram. Temos exemplos clássicos aqui, como o da revista *Palavra*.

De Pedra Azul para Londres

Conheci o Robério Oliveira Silva nos idos de 1985, quando foi chefe de gabinete e assessor econômico do meu saudoso amigo, o então ministro da Indústria e Comércio, José Hugo Castelo Branco. Robério, nesta época, tinha pouco mais de 20 anos e a sua competência profissional já era elogiada. Este mineiro saiu de Pedra Azul, onde nasceu, e em Brasília iniciou sua vida proffissional. Muito ligado ao setor cafeeiro, foi secretário-executivo da Associação Internacional dos Produtores de Café, sediada em Londres, onde permaneceu por oito anos. Pude conferir de perto seu prestígio. Na capital inglesa, fomos a um jantar no Annabel's, um dos clubes mais fechados da cidade. Quando entramos, o Robério era cumprimentado pelos ingleses como se estivesse num bar de Pedra Azul, no Vale do Jequitinhonha. Depois, ainda em Londres, foi presidente da etiqueta Hissa, de uma brasileira, cujos vestidos encantam muita mulher elegante pelo mundo afora. Mas não era a praia do Robério.

Voltou para o Brasil por volta de 2007, passando a ser um dos nomes fortes no Ministério da Agricultura. Eis que surge a oportunidade de concorrer à vaga de diretor-geral da Organização Internacional do Café (OIC). Adivinhem onde era a sede? Londres. Robério se candidatou e superou os concorrentes. Teve todo apoio do ministro das Relações Exteriores, Antônio Patriota, e do setor cafeeiro do Brasil. Em disputada eleição, ao final os representantes da Índia e do México (apoiado pelos Estados Unidos), abriram mão do cargo para o brasileiro, aclamado para um mandato de cinco anos. Foi uma vitória internacional do governo Dilma Rousseff e, cá entre nós, também de Minas Gerais.

Meu coração daria letra de samba

As cicatrizes ainda estão aqui. A do peito quase não se percebe. A da perna é mais acentuada. A memória delas carrego comigo. Ah, velho coração... Eu ia fazer 51 anos. E um amigo meu, que vive no Rio de Janeiro e em Montes Claros, o empresário Paulo Cesar Santiago, sugeriu que eu comemorasse meu aniversário na Cidade Maravilhosa. Tinha celebrado os 50 aqui, uma festa no Buffet Catharina para quase mil pessoas, *black-tie*. Então, resolvi produzir a chegada dos 51 anos no Rio de Janeiro, no Hotel Intercontinental, onde a Sílvia Ururahy era relações-públicas e ajudou muito a viabilizar o empreendimento.

Isso seria num 8 de novembro, uma sexta-feira (meu aniversário é dia 9). Na semana anterior, colocamos os convites na rua... Trazia a analogia a uma marca de cachaça bem popular: "51 – Uma boa ideia". Durante os dias que precediam a festa eu vinha sentindo certo desconforto no peito, que me parecia... não sei bem explicar. No sábado anterior, fui jantar com dois casais amigos, Arlindo Porto, então ministro da Agricultura, Maria Coeli, e o advogado José Murilo Procópio e a Gladina. Fomos ao Bouquet Garni, um restaurante na Savassi. Lá ficamos num papo agradável até as 2 da manhã.

Na época, eu era casado com a Beth Pimenta. Sei que bebi vinho normalmente, mas não me perguntem o cardápio.

Cheguei em casa, veio aquele incômodo. Eu não tinha falado nada com ninguém. Lá pelas 3 da madrugada, comecei a suar frio. Falei com a Beth: "Estou me sentindo mal". Pedi a ela que ligasse para o Hospital

Mater Dei. Disseram que eu deveria ser levado até lá. Fui com o Paulinho, meu filho, ali por volta das 5 horas. Fizeram eletro e esses exames todos.

Claro, havia um clima de tensão. Eu ansioso. Mas eu não conseguia achar nada, imaginar nada. Porque sou um ignorante nisso de medicina. Ou queria negar um mal que parecia evidente. Depois do eletro, chega o meu médico, o cardiologista Marcos Andrade, que me examinou novamente e sugeriu o cateterismo e a cineangiocoronariografia, palavra quase impronunciável. Percebi que não era coisa simples. Lá pelas 10 fiz o procedimento e, ao revelar o resultado, não fez rodeios: "Paulo Cesar, você está bem, não sofreu infarto, mas tem uma artéria entupida e o caso é cirúrgico".

"Mas o que é isso?", repeti, como um bordão de quem perde momentaneamente o chão. "Você vai ter que ser operado." Eu sugeri, então, que fosse com o Sérgio Almeida de Oliveira, mineiro de Campanha, uma sumidade, radicado em São Paulo. Ele recomendou que eu ligasse para o Calil Jeha, amigo dele, para acertar. Na minha cabeça, poderíamos segurar mais uns dias, adiar. Eu, possivelmente, não compreendia a gravidade da situação e o que me vinha à mente era a festa. Insisti: "Marcos, eu tenho que sair do hospital, porque no sábado é meu aniversário e marquei a comemoração para a sexta, no Rio de Janeiro". Ele, sem perder o humor, balançou a cabeça: "Você não vai sair do hospital e, quando sair, vai direto para São Paulo, para ser operado". "O que é isso?"

Francamente, não me assustei quando meu cardiologista detalhou qual era o problema. Absolutamente nada. Nem sou de ficar perguntando. Se tem que fazer, façamos. Fiquei no CTI do Mater Dei até a quarta-feira. Me deixavam ler jornal. Eu estava tranquilo. Na quarta à noite fui para o quarto, recebi meia dúzia de visitas. Na sexta, meu saudoso amigo Roberto Gutierrez mandou um avião da Andrade Gutierrez me levar a São Paulo e o Marcos foi me acompanhando. Me internei na Beneficência Portuguesa para ser operado na segunda-feira.

O aniversário, claro, foi cancelado. Fiquei em São Paulo de sexta a domingo, aguardando a cirurgia. No domingo à noite, a mulher do

Sérgio, a psicóloga Fátima, foi até lá conversar comigo. Bateu um papo e antecipou: "Vou te explicar como é a cirurgia, para você saber como será o processo". Daí, eu perguntei: "Você me explica, e o que vai acontecer? Eu vou deixar de ser operado? Não, não, não quero saber de nada. Para quê?". Sou daquele tipo de paciente bacana, que entrega e pronto. Até hoje não me interessa. O médico falou, tenho que confiar nele e vou fazer. Fiz na segunda. Na terça, saí do CTI. Na quarta, já estava no quarto. À tarde, eu já andava no corredor do hospital. Dois dias depois de completar 51 anos, fiz três pontes de safena – duas mamárias e uma radial.

Permaneci no hospital até a quinta-feira, quando me deram alta. O Roberto Gutierrez mandou me buscar e o Marcos Andrade, meu cardiologista e amigo, foi junto. Ao me liberar, perguntei ao Sérgio Almeida, o cirurgião, figura excepcional, excelente médico: "Posso almoçar?" "Claro...". Antes de embarcar, fomos ao Fasano, o que podia ser entendido como uma minicelebração. Como o Marcos ainda não conhecia o restaurante, chamei alguém que apresentasse a ele a cozinha, a adega. E o maître, espantado, perguntou: "Mas eu li no jornal aqui de São Paulo que você iria operar o coração e já está assim?!"

Parceria para a vida e o trabalho

por Paulo Cesar Alckimin de Oliveira

A criação da Viver Brasil e da VB Comunicação foi a melhor coisa que nos aconteceu, apesar de todas as dificuldades. Papai é um cara bastante determinado e nunca teve medo de trabalho. Hoje, vejo que valeu a pena, pois crescemos muito após a nossa saída da Encontro. Claro que foi tudo muito difícil, mas tivemos apoio de boa parte da equipe e agradeço muito a cada um que nos seguiu sem saber para onde, nem quando iríamos começar. Devemos muito a eles e nós três somos extremamente gratos a todos. Trabalhamos intensamente e em menos de dois meses estávamos com a Viver Brasil nas ruas. Fizemos uma revista muito boa e logo estaríamos maiores do que a primeira revista que o PCO havia lançado seis anos antes. Foi muito gratificante.

Observando isso como exemplo, acho que a principal herança que recebi do meu pai foi a vontade e a disposição para o trabalho. Acreditar que podemos fazer com que as coisas deem certo se trabalharmos duro por elas. E olha que não é nada fácil trabalhar ao lado do meu pai. Ele é muito exigente, rigoroso. Mas, em contrapartida, passa para nós uma confiança que me dá muito orgulho. Ele é um ótimo chefe.

Paulo Cesar é um sujeito muito, muito batalhador, um cara muito inteligente. E sabe conquistar as pessoas. Além de ser um ótimo pai, um exemplo. Com relação às amizades, é excelente amigo daqueles que são amigos dele. E fica extremamente chateado se alguém pisa na bola. Fica magoado, sentido.

De pai a gente não pode esperar outra coisa que não seja solidariedade, e tem uma situação que ficou marcada para mim, algo im-

portante na minha vida, na separação da minha mulher. Quando contei a ele, respondeu: "Eu já sabia que isso ia acontecer". Daí, eu perguntei: "Mas por que não me avisou?". Ele foi sereno: "Não posso dar palpites na sua vida. Essas coisas você tem que viver, tem que descobrir, chegar à conclusão". Nos falávamos pelo telefone, ele disse que já sairia para me encontrar. Em poucos minutos estava lá em casa. Arrumamos minhas coisas, fomos embora. Isso marcou.

A partir daí, ficamos mais próximos. Não quer dizer que a relação tenha mudado por completo, porque meu pai sempre foi um cara muito fechado. No fundo, é uma característica da personalidade dele e aprendi a conviver com isso.

Não sei se é desse jeito, mas há quem diga que um perfil assim reservado, que não verbaliza, acaba sobrecarregando o coração. E, perto de fazer 51 anos, ele teve um problema cardíaco. Me lembro bem desse dia. Eu tinha acabado de chegar em casa de madrugada (nessa época, eu morava com ele). Pouco tempo depois, toca o telefone do meu quarto. Era a Beth, ex-mulher dele, dizendo que papai estava com muita dor no estômago e que achava melhor levá-lo ao hospital. Ele também não sabia o que era, mas concordou e eu o levei ao Mater Dei. O médico fez um eletro de cara e disse que ele estava prestes a ter um infarto, mas que haviam controlado a tempo.

Na verdade, foi um alívio, mas os exames não eram animadores e tudo indicava que ele precisaria fazer uma cirurgia. Ele resolveu que faria em São Paulo e pouco tempo depois estava lá, na Beneficência Portuguesa, para fazer a ponte de safena. Eu me assustei, pois o Gustavo era muito novo e eles não estavam tendo uma relação muito boa na época. Coisas de juventude, pai e filho. Fiquei com muito medo, apesar de toda a segurança que o médico nos transmitiu.

Mesmo com a tensão, que era natural, com o temor, não passava pela minha cabeça que iria perdê-lo. Ele estava bem tranquilo, e o acompanhamos até a entrada do bloco, dei um beijo nele e pedi a Deus que cuidasse de tudo. Lembro que a cirurgia demorou bastante e tivemos, posteriormente, que esperar um tempo para visitá-lo no CTI.

Não estou certo se foi por isso ou não, mas ele mudou. Mudou bastante. Ficou mais comunicativo. Talvez fosse pela condição de empreendedor, a partir da Encontro*. E quando saímos da* Encontro *e montamos um novo negócio, na minha cabeça e na do Gustavo a ideia era tocarmos o projeto e o papai continuar lá, na outra revista, até haver uma decisão judicial sobre a sociedade. Não deu certo, mas saiu um peso da vida dele. Definida a situação, no dia seguinte começou a trabalhar conosco. Em pouco tempo era a pessoa produtiva que sempre foi.*

Voltando a falar sobre a VB, uma das tantas provas de nossa consistência editorial e como grupo de comunicação é o fato de a Robb Report *ter nos escolhido para parceiros de seus projetos no Brasil. Foi um sonho meu que o Gustavo abraçou e, no princípio, o PCO relutou em aceitar, exatamente pelas dificuldades que estávamos passando ao iniciar um negócio. Mas eu e o Gustavo persistimos, pois sabíamos da importância que teria trazer o título para o país. A escolha se deu pelo fato de eles acreditarem no potencial dos sócios em construir uma publicação sólida por aqui. Foi um passo muito importante para o grupo e estamos começando a colher os frutos.*

Sobre o futuro? Acho que tem muita coisa boa vindo aí para nós. Trabalhamos duro e o PCO, que pode ser definido como uma figura determinada, merece colher os frutos de uma vida de muito trabalho e dedicação.

Paulo Cesar Alckimin de Oliveira *é mineiro de Belo Horizonte, onde nasceu em 1975. Formado em administração de empresas, ariano, sempre esteve ao lado do pai nos seus empreendimentos e, com o irmão, Gustavo, fundou a VB Comunicação em 2008, onde atua como diretor administrativo-financeiro. É um dos principais responsáveis pela vinda para o Brasil da* Robb Report, *a mais influente revista sobre o mercado de luxo do mundo e hoje um dos principais títulos da VB.*

Celebrando a vida dia após dia

Ao contrário do que muita gente poderia imaginar, eu não tive medo da morte. Nenhum medo. Palavra de honra. Na hora em que eu tiver que ir, eu vou. Quando eu era levado para a sala de cirurgia, minha mulher e meus filhos estavam todos chorando. E eu perguntava: "Vocês estão chorando por quê?" E lá fui eu. Honestamente, não tive nenhuma preocupação. Primeiro, porque não me sentia doente. E a cirurgia tinha que ser feita. Para mim, a situação já estava determinada.

Acredito que todos têm alguma coisa além da vida. Tenho muita fé no espiritualismo, sinais que só não vê quem não quer. Da mesma forma que aos meus 6, 7 anos aconteceu o que chamam de milagre. Uma anemia perniciosa e, junto, uma brucelose, doença que normalmente dá em gado. Eu desenganado. Resisti.

Depois que me operaram o coração, nunca mais tive nada, nada. E alguns amigos me perguntam se um problema assim, às vésperas do aniversário, me colocou com raiva do mundo, se fez com que eu me sentisse o maior dos injustiçados. Nenhum drama, nenhuma mágoa, sem frustrações. Numa boa. Pelo contrário. Sempre achei que estava tudo certo. Eu já tivera, alguns anos antes, logo após o nascimento do Gustavo, um desconforto que me levou ao hospital. Por orientação do médico Arlindo Polizzi, fiz um cateterismo e foi detectado um probleminha. Fiquei lá por dois dias, tive que tomar remédios, mas sem complicações. Isso foi uns 20 anos antes.

Com acontecimentos assim, você percebe que, na verdade, a vida está nas mãos de Deus. É por isso que eu falo: você só vai na hora em que Ele chama. Veja o caso do vice-presidente José Alencar, que lutou por tantos anos, enquanto com outras pessoas foi diferente. E eu não estou falando de recursos para se tratar.

O episódio me ensinou várias lições. Uma das maiores é que passei a celebrar a vida todos os dias. Repensei uma série de questões. No sentido prático, a vida não mudou. Eu apenas passei a fazer os exercícios que na época não fazia. Era sedentário. Passei a me cuidar mais, a adotar o hábito das caminhadas. E, por precaução, todo ano faço *check-up*.

Comecei também a enxergar a vida com mais carinho. A relevar coisas que achava importantes. Por exemplo, a raiva. Para mim, a raiva é momentânea e compreensível. O ser humano tem raiva, é natural. Não pode é guardá-la. Se tenho dificuldade para superar, no caso de ser algo mais grave, deleto.

Como deletei o vício do cigarro. Saí do hospital e não fumei mais. Eram dois maços por dia. Fumava Minister. Comecei a fumar cedo. Surrupiava cigarros de papai. Na época, ele fumava Caporal Douradinho. Quando parei, me transformando em ex-fumante, tomei o cuidado de não virar um chato. Cigarro não me incomoda. Nem na hora do almoço. E me diferencio do histórico de muita gente, porque jamais tive vontade de fumar de novo. Nem sonho, nem lembro que fumei um dia. Mas, na minha sala, se quiserem fumar, podem fumar. Tenho o cinzeiro sobre a mesa. Aliás, acho uma sacanagem esta discriminação que hoje fazem com o fumante. É a indústria antitabagista em ação.

Alguns apressadinhos logo vão questionar: mas e os charutos? Fumo por diversão. Não sou nenhum entendido. Normalmente, degusto bons charutos porque os ganho. Para ser sincero, acho que nunca comprei um. As pessoas sabem que eu gosto. Fumo uma vez a cada semana. Jamais em casa. Não tenho nenhum preferido. Só um bom charuto. Tenho o paladar de distinguir um bom de um ruim, mas não conheço por marca, por safra, por série, como alguns ortodoxos de plantão.

Bom, voltando ao começo da história, como é que ficou a encrenca do aniversário? Evaporou-se, como num estalar de dedos. Como havia enviado dezenas de convites, pedi que disparassem telefonemas, avisando aos convidados do ocorrido. Com jeitinho, para não assustar ninguém. E a história de que comemorei os 51 em pleno hospital é mais uma das lendas a meu respeito. Morro de gargalhar ao ouvi-la.

Bom-dia, cirurgiões...

No ano da operação cardíaca eu já era, para meu desprazer, quase um veterano em salas de cirurgia. É que uma década antes fui colocado diante de um calvário: nada menos que oito – isso mesmo, oito! – intervenções cirúrgicas em minha perna esquerda, e tudo isso num espaço de pouco mais de um ano.

Eu sofri a fratura correndo da chuva. Era 1985. Eu estava num coquetel no Minas I, na Rua da Bahia, em Lourdes. Chovia e estacionara não muito longe, em frente ao Palácio dos Despachos. Ia levar em casa o Antônio Marcos Carrara, chefe do Cerimonial do então governador Hélio Garcia. Fomos correndo, escorreguei, bati no meio-fio. Caí já perto do carro. Uma dor de revirar.

O Carrara logo viu. "Não se mexe, fica sentado que houve algum problema." Ele, como chefe do Cerimonial, era preparado para essas emergências. Chamou a ambulância, fui para o Mater Dei e lá me operaram. Diagnóstico: havia fraturado tíbia e perônio. Colocaram platina, parafuso. Já estava conformado com um processo lento de recuperação, mas não com aquela dificuldade. Deu rejeição. Tive que operar de novo. Haviam colocado enxerto, não deu certo. Fiz duas, três, sete... Tiveram que tirar tudo, mas meu osso já tinha calcificado. Fui operado pelo Renato Freire, um grande ortopedista que já faleceu.

Para não perder o humor, conto um episódio no mínimo curioso que ocorreu durante a primeira cirurgia. Um anestesista ficou do meu lado. Eu tinha tomado uma peridural e um remedinho, para dar uma apagada. Havia muitos especialistas em volta. Parecia que exista certa preocupação a mais, porque, na época, o doutor José Salvador Silva, dono do Mater Dei, fora informado sobre minha operação. Estava lá deitado, entra um médico, solta algumas frases de quem se espanta com a cena e pergunta: "Quem é esse filho da puta que está aí com todo mundo dando atenção?". Esperei que ele saísse e disse: "Mas como o moço está com raiva!". Se assustaram: "Você está acordado?!". Ouvi tudo, o tira daqui, mexe ali, serra lá, parafusa ali. A impressão é de que tinham tirado minha perna do lugar.

O detalhe é que, com tamanha indefinição, muitas coisas passavam pela minha cabeça. E nas conversas que você tem com os conhecidos surgem situações extremas que acabam bem e outras que terminam mal. Algumas impressionam. Uma semana antes da última cirurgia, encontrei com uma conhecida, publicitária. Ela comentou sobre um irmão, dono de uma empresa de representação de jornais, que teve um vírus e ficou paraplégico aos 40 anos. Inteligente, bem de situação. Contou que começou a beber...

Fiquei umas quatro horas no bloco cirúrgico, e ainda mais umas três sob efeito da anestia peridural. Já no quarto, sem sensibilidade da coluna para baixo, fiquei pensando no que era a vida daquele rapaz. É horrível imaginar algo assim.

Esses limites, às vezes, nos enchem de dúvidas, mas também fortalecem nossas certezas. Numa de minhas internações, acho que ainda a primeira, recebi a visita de um senhor, pai do dono da loja de roupas Toulon, Eduardo Ballesteros, o seu Elói Ballesteros. Tinha quase 80 anos. Era médium. Foi com outro médium. Eles deram um passe. Ao fim, os arrepios percorreram toda a extensão do meu corpo com o que ele falou: "Esse negócio foi feito para deixar você numa cadeira de rodas, mas não vai acontecer não. Você vai sofrer um pouco com isso, mas vai ficar tudo bem".

Veio a cirurgia inicial, uma segunda, uma terceira... a sexta... Uma prima, sentindo minha angústia, me convidou para ir a uma sessão espírita e acabou levando uma senhora de Juiz de Fora à casa dela. Seria uma espécie de sessão só para nós, ali pelas 16, 17 horas. Não me lembro do nome da mulher... Ela entrou em transe, começou a falar. Falou exatamente com a voz do Elói Ballesteros, que nessa época já havia morrido. Ninguém sabia de nada sobre ele ali dentro. Falou com o sotaque dele, dizendo para mim que a coisa acabaria muito bem, que talvez fosse preciso mais uma cirurgia e eu ficaria ótimo. Ainda mandou um recado para seu filho Eduardo.

Eu saí dali umas 18 horas, tinha mais uma consulta sobre a minha perna. No médico, pelo exame, eu percebia qual era o panorama. Como começou a demorar, me antecipei: "O que está acontecendo?". Novamente o enxerto não tinha dado certo. Teria que fazer uma nova cirurgia. Seria a oitava. Não sabia mais a quem recorrer. Pensei, pensei, pensei. Peguei o telefone, liguei para o Ivo Pitanguy, que eu conhecia, pedi orientações. Ele achava que não era caso para ele. Fui depois à sua clínica, um assistente me atendeu, acho que mais por protocolo.

Nesse meio-tempo, uma conhecida me indicou um cirurgião do Rio. Também avaliou que não era caso dele e me encaminhou a um médico chamado José Furtado, cirurgião plástico de reconstrução. Ele estudou o caso, explicou o que precisava ser feito. Marcamos a cirurgia, que seria feita lá mesmo. Finalmente, acabou o problema. Não tive mais nada. Coincidentemente, aliás, me corrijo, porque acho que não existem coincidências, nada é por acaso… Esse médico era um tanto espiritualista e a enfermeira que cuidava de mim, espírita.

Galeria

PCO entre seus filhos Paulinho e Gustavo.

O empresário Lucio Costa e PCO.

Presidente Dilma e PCO.

PCO e José Dirceu.

Marco Antônio Araújo, Luiz Henrique Araujo e PCO.

Maria do Socorro
Costa Almeida
e PCO.

O prefeito de Belo Horizonte, Marcio Lacerda e PCO.

PCO – e seu charuto – e os filhos Gustavo e Paulinho.

Luiza Lanna Cardoso, PCO, Roberto Luis Lopes, Carlos Lindenberg e José Eymard.

Para além do que os olhos veem

Os incrédulos que me perdoem, mas os fenômenos e a vida vão nos mostrando que existe algo mais, além. Fui apresentado a Deus desde criança, por intermédio dos meus pais, que eram católicos, principalmente mamãe. Era uma mulher de comunhão diária. Frequentava a igreja todos os dias. Depois, veio a passagem por meu curso ginasial, em Montes Claros, no Colégio São José, dos irmãos maristas, de orientação católica.

Como o mundo é cheio de provações, quando voltei para Belo Horizonte para fazer o científico, no início dos anos 1960, papai desejava que eu estudasse em colégio interno. Fiz o concurso no Estadual Central. Passei. O fato é que não queriam que eu fosse para qualquer lugar. Qualquer lugar, entenda-se, significava que haveria de ser algum reduto católico. Então, por sugestão dos maristas, fui parar numa república de Congregados Marianos, na Avenida Brasil, no Bairro Santa Efigênia.

Lá fui eu.... Não conhecia ninguém. Era um pessoal que andava permanentemente de terno. Gente ortodoxa. Na hora do almoço, rezava-se um terço com a mesa posta. Acho que quatro vezes por mês havia uma adoração na Igreja da Boa Viagem, onde ficavam a noite inteira rezando. Eu fui uma vez, mas não estava dando muito certo com isso. O Estadual, naquele tempo o melhor colégio de Belo Horizonte, era uma efervescência. Ser aprovado lá era como passar no vestibular. Tinha a comemoração dos calouros...

No dia da festa, cheguei meio altinho, de madrugada. Os caras não gostaram muito daquilo. Eu também não me adaptei. Passados uns três, quatro meses, o chefe da república me chamou e me convidou a sair. Deram um prazo. Eu fiquei preocupado com aquilo. Procurei um irmão marista que havia sido meu professor em Montes Claros e estava no Marista Dom Silvério. Fui lá conversar com ele, com sentimento de culpa, achando que era uma coisa horrorosa isso de estar sendo expulso. O irmão, entre um ar de aconselhamento e quase súplica, falou comigo: "Sai de lá correndo, porque, se tem alguma fé, você vai perdê-la".

O desgaste era visível, porque eu não estava disposto a participar das coisas programadas, chegava atrasado, não usava terno... Me vinham à cabeça as palavras do irmão: "Esse pessoal é fanático". E era mesmo. Mais tarde, vim a descobrir o que representavam. Muitos eram integrantes da TFP, Tradição, Família e Propriedade, ala conservadora da Igreja Católica que ia às ruas com estandartes e panfletos pelas bandeiras tradicionalistas, anticomunistas. Aí, apressei minha saída.

Falei com papai e acabei indo para a casa do meu avô, na Savassi. Foi uma coisa muito boa que fiz. Depois fui morar com minha tia Ia, irmã de mamãe, na Rua Goitacazes, onde também se hospedava meu tio Quinzinho. Dos companheiros da república, alguns estudavam no Estadual, e lá me evitavam, não me cumprimentavam, me tratavam como um pária. Eu não tinha nada a ver com aqueles princípios, nem comungava com as ideias deles, que faziam uma verdadeira lavagem cerebral na turma que chegava, a maioria gente do interior. Alguns embarcavam naquilo.

A mudança para Belo Horizonte mexeu comigo de várias formas. E com a religiosidade, a fé, não seria diferente. Menino, eu costumava ir às missas aos domingos. Acho que num misto de devoção e de protocolo familiar. Isso perdurou até os 14, 15 anos. Hoje acredito que todas as religiões, no fundo, são iguais. Você vai vendo, conhecendo e chega à conclusão de que todas têm o mesmo objetivo.

Pela tradição e pelo peso da influência, meus filhos foram batizados na Igreja Católica, mas não houve condução. Era uma época em que já não se podia impor e eu, de qualquer forma, não induzi ao hábito de ir à missa. Nem mesmo eu vou. Vendo mais longe, até considero que a pessoa deveria ser batizada por desejo próprio. Mais tarde, escolheria seu caminho.

Um presente de Deus

por Gustavo Cesar de Oliveira

Eu tenho que começar falando sobre o coração que ele tem. Um coração sempre disposto a ajudar as pessoas que estão com ele, a família. É alguém pronto para querer, acima de tudo, o bem dos que vivem ao seu lado. É um sujeito desprendido. Luta para conquistar o que é dele, mas quer ver os outros também tendo a chance de conquista.

Quem convive com ele sabe identificar com rapidez e muita clareza quais são seus valores. Entre esses, um dos mais fortes é a capacidade de enfrentar obstáculos, as adversidades que vão aparecendo ao longo da vida. E ele as enfrenta de uma maneira muito inteligente. Não se deixa abater e tem a convicção de que são passageiras. Essa convicção impressiona.

É um cara extremamente trabalhador. Sua força, sua disposição para prosseguir surpreendem. Meu pai é um grande presente que recebi do universo, de Deus. Sou um fã absoluto dele. Me impressiona a capacidade que ele tem de ser extremamente humano e, ao mesmo tempo, objetivo no caminho que quer como profissional da comunicação.

Mas nem sempre foi assim. Ele é uma pessoa muito séria, com uma postura correta perante tudo na vida. Tinha que se ausentar constantemente por conta da profissão e da forma como resolveu se guiar nessa ocupação. Sempre viajou muito. Assim, até os meus 14, 15 anos, e um pouco mais também, após se separar da minha mãe, a gente tinha uma relação um pouco travada, distante.

Foi mudando quando eu comecei a seguir caminhos parecidos no jornalismo. Quando eu tinha 17 anos, comecei a escrever, a fazer minha coluna no Jornal da Cidade, *criado por um cara que ele admirava muito, o Jofre Alves Pereira. Fiquei por lá durante uns seis anos. Foi aí que passei a ter uma sintonia melhor com o papai. Até a entender o trabalho dele. Ali eu já enxergava o papai da maneira como o enxergo hoje. Consegui entender quem era, quem é o Paulo Cesar: um cara extremamente lutador, preocupado com a família, querendo trabalhar 30 horas por dia para oferecer o que pudesse a nós.*

E imaginar que, na minha adolescência, fiquei uns três anos sem conversar com ele... Coisas da idade... Meio separado, turbulento. Foi nesse período, eu com uns 16 anos, que ele teve o problema no coração. Dois dias antes, eu tinha tido uma discussão com ele. Mas não considero a hipótese de essa ter sido a razão. Se alguém tem alguma questão de saúde, é porque estava escrito que seria assim. A verdade é que fui duro.

Eu havia embarcado para uma viagem a Porto Alegre, onde iria me encontrar com uns amigos e uma menina que eu havia conhecido. Fui praticamente sem ninguém saber. No domingo, o Paulinho, meu irmão, me liga. Tinha achado umas anotações na minha casa, viu o número do hotel. Eu já me assustei com o telefone tocando. Ele nem perguntou o que eu estava fazendo lá. Foi direto ao ponto: "Gustavo, papai quase teve um infarto durante a madrugada, está no hospital". Pulei da cama: "Como é que ele está? Como é que ele está? Vou voltar agora!". O drama é que só havia voo no final da tarde. E aquilo rodando na minha cabeça. Fiquei aflito, louco. Quando eu cheguei ao hospital, me deixaram entrar no CTI. Lembro de dizer: "Pai, não se preocupe não que vai dar certo".

Foi mais uma coisa que ele superou. Vou recordar uma passagem divertida. De quando fomos, eu e ele, a um casamento no Rio de Janeiro. Acho que eu tinha uns 18 anos. Na recepção, tomamos umas tacinhas de champanhe e propus: "Estamos sozinhos, vamos dar uma saída, uma emendada". Ele topou. Baixamos num lugar na Lagoa, o Happy Sody. Na hora em que a gente chegou lá, isso foi um negócio que me deixou impressionado, a mulher que estava fazendo o show parou a apresentação para dar boas-vindas a ele. Falava: "Eu não acredito, queria saudar o meu amigo, o jornalista Paulo Cesar de Oliveira".

Hoje, trabalhando ao lado dele, não me considero patrão nem empregado. Nós somos parceiros. Minha formação acadêmica se chama PCO, foi nesta escola que me formei. Aliás, foi por causa dele que consegui enxergar uma das coisas que julgo mais importantes na minha vida. Eu, que nunca tive religião, nunca fui de frequentar igreja, aprendi a amar tudo aquilo que acredito que seja Deus. Então, eu posso saber que Deus é presente na minha vida, é dono do meu corpo, do meu espírito. É a melhor parte que ele me deu, a parte espiritual. Me encaminhou.

E isso nos fortalece em todos os sentidos. Como família, principalmente. Até desse episódio que aconteceu com a primeira revista extraímos lições em que o mais importante foi nossa reação. Foi uma coisa muito chata, mas nos agrupamos e decidimos: "Vamos juntos". Então, dá para dizer que a trajetória do Paulo Cesar é a história de um menino que se tornou uma marca. Uma marca que transformou um homem. E uma vida de sonhos, palavras e realizações. E de uma força interminável para superar obstáculos, vencendo todos os desafios.

Este é o PCO, jornalista brasileiro com quase 50 anos dedicados a transformar palavras e ideias em realidade. Um apaixonado pela comunicação e pela arte de se relacionar. Uma vida que se compõe pela história do passado, o tempo do presente e a visão do amanhã.

Gustavo Cesar de Oliveira *é mineiro de Belo Horizonte, onde nasceu em 1978. Aos 17 anos, estreou na comunicação pelo* Jornal da Cidade, *cobrindo eventos sociais, políticos* *e culturais com uma linguagem voltada para o público jovem. Nesta mesma linha, foi âncora do programa* OQ, *na TV Bandeirantes, no ar por mais de dois anos. É fundador e diretor-executivo da VB Comunicação, grupo responsável por produtos editoriais inovadores: as revistas* Viver Brasil, Viver Escarpas, Viver Casa *e* Robb Report Brasil, *o jornal* Tudo *e a* RED – Rede de Entretenimento Digital.

A brisa dos fenômenos me visita

Aquele Deus que eu conheci, o Todo-Poderoso, tenho certeza absoluta de que Ele existe, está presente aqui. Mas, com todo o respeito, hoje não me declararia um católico. Eu não diria que sou um espírita, porque não sou praticante. Mas acredito no espiritismo. Já fui a algumas sessões, não sou de frequentar, mas é algo que realmente existe. São fenômenos que você vê e o deixam impressionado. Todas essas manifestações paranormais, sobrenaturais, seja de vidente, médium, cartomante, a pessoa tem aquele dom e a forma é só um instrumento. Eu vi coisas de que muitos duvidariam.

Eu falava com minha mãe sobre minhas crenças. Ela, como católica, não as admitia, mas me respeitava. Nunca me aprofundei porque, no caso dela, talvez soasse como um desrespeito. Preferi preservar. Meu pai também era católico. Quando morreu, eu estava com 30 e poucos anos e ainda não tinha essa elaboração espiritual.

Pouco tempo depois, veio um sinal categórico de que os mistérios são bem maiores do que poderíamos pensar. Simplesmente não há muita explicação. Ainda que eu não tenha lido nada a respeito, que ninguém tenha me ensinado nada, nem sequer tenha elaborado teorias sobre a espiritualidade, fui sendo incutido pelas circunstâncias. A mais emblemática delas aconteceu em Conceição do Rio Verde, no sul de Minas. A convite do meu amigo Milton Lucca, fomos até lá. Ele tinha ido e ficado impressionado.

Eu teria um encontro com a vidente Neila Alckmin, por onde já haviam passado milhares de pessoas, incluindo figuras como Juscelino

Kubitschek e Tancredo Neves. Fui a essa senhora umas duas ou três vezes. Realmente, foi impressionante. Eu me sentei diante dela, recebi uma folha de papel e a recomendação: "Vai anotando o que eu falar". Ela entrava num transe e começava a dizer coisas que tinham acontecido ou poderiam acontecer. E várias situações de fato tinham ocorrido...

Papai tinha morrido fazia mais ou menos um ano. Ela virou e me disse: "Seu pai está aqui e tem um recado para passar a você, aos irmãos, a sua mãe". A mensagem era de conforto. Ao final, eu me recordo como se fosse hoje, e ainda sou tomado por uma sensação de calor no coração, ela disse assim: "Assina aí: Décio Lopes de Oliveira". Ela nunca tinha me visto, não sabia quem eu era, de onde eu era, não sabia de nada! Como é que se explica isso? Mas o que surpreendia mais era ela saber o nome de papai. Então, são certas situações que eu já vivi que me levaram a essa crença. Foi no dia a dia.

Se alguém fala que é ateu, eu, particularmente, não acredito que essa pessoa não creia em nada. A dúvida é de quem está mais para ir que para ficar. Mais recentemente, no campo da paranormalidade, convivi com um médium que veio a Belo Horizonte. Era de Presidente Prudente, o Zezinho. Ele começou a vir aqui porque um grande empresário, o Jonas Barcelos Correa, teve um problema de saúde, foi a ele e se curou. Os médicos não concluíram nada sobre como ele havia superado a doença.

Daí, um amigo dele, o Jorge Perutz, que já faleceu – então casado com a Terezinha Dolabela –, quase desenganado, foi ao Zezinho. Ele curou o Jorge depois de umas quatro, cinco visitas. O Jorge – que na época não era espiritualizado – e a Terezinha começaram a trazer o Zezinho de 15 em 15 dias a Belo Horizonte. O atendimento era na casa deles. Eu, com meus olhos, vi vários fenômenos acontecerem.

Ele fazia cirurgias só com as mãos. Eu fiz uma vez. Não perguntei do que me tratavam, mas sei que me causou bem. Era um tratamento em que você passava por quatro, cinco sessões. Cuidava de todo tipo de doença, tudo o que se pensar, de câncer a enxaquecas. E o próprio Jorge, ajudando, passou a incorporar, a atender outras pessoas. Não exatamente dedicado à cura ou ao tratamento, mas com capacidade mediúnica para conversar. Eram coisas que, realmente, ciência nenhuma explica.

Gosto dessas questões sobrenaturais, acredito nelas. Na ocasião em que eu vivia no Hotel Othon, estava lá um paranormal, o Thomas Green Morton, do sul de Minas. Ocupava uma mesa do lado. Fui até ele. Me apresentaram. Fiz uma ligeira provocação sobre do que ele era capaz. Retorceu um garfo com o olhar. Isso eu vi.

Agora, não me perguntem como é o outro lado, porque não sei. Não fico criando expectativas sobre como seria. Sei que existe. E creio em reencarnação. Existem outras vidas, não tenho dúvida disso. Aceito a morte confortado pela minha crença de que você, quando morre, está sendo chamado. Ninguém morre à toa. E ponto final.

Aliás, eu já disse aqui neste livro o quanto gosto de Paris. Antes que alguém ache estranho misturar Paris com espiritualidade, me antecipo. Quando chego à capital francesa, me sinto como se já tivesse vivido lá, morado lá. Me reconheço absolutamente em casa. Não sei se tem algo a ver... Alguém vai até ironizar, dizendo que escolhi uma cidade e tanto. Lá, eu me transformo. Não falo absolutamente nada de francês, mas eles me entendem falando o português. Quando digo "entendem", é que, literalmente em português, me compreendem. Dá para explicar isso?

Sempre uma pessoa carinhosa

por Dulce Lopes de Oliveira Aguiar

Foi o primeiro neto homem. Paulo Cesar nasceu aqui em Belo Horizonte, no Hospital São Lucas. Nessa época, a família vivia na casa dos meus pais, onde eu morava, na Rua Tomé de Souza, entre Pernambuco e Paraíba, na Savassi. Foi onde eu nasci. Foi uma festa na família. Já havia uma menina, e aí surgiu o Paulo. A casa era muito cheia. Morávamos meu pai, minha madrasta, cinco filhos. Minha madrasta era uma pessoa muito alegre. Fazia um tanto de quitandas para receber as visitas. Ele, na casa, virou o rei.

Tivemos muita convivência, principalmente na infância dele. Quando moravam em Montes Claros, sempre vinham a Belo Horizonte e ficavam na casa do meu pai. Além disso, eu também morei em Montes Claros, onde meu pai foi gerente de banco.

Paulo Cesar sempre foi uma pessoa muito carinhosa. Para mim, a nota marcante, a maior qualidade dele foi o amor pelos pais, principalmente pela mãe. Era um filho muito dedicado, proporcionou a ela tudo o que foi possível.

Toda a vida, ele foi muito dedicado como filho. Um carinho especial com Elza. Um filho muito bom. E surpreende o tanto de amor que ele tem para dar aos mais velhos. Além dos pais, havia uma tia mais velha, que acompanhava os pais dele. É a tia Nem, que praticamente criou o Paulo Cesar. O nome dela era Lucíola. Paulo Cesar era o xodó dela.

Às vezes, falam dele como alguém muito introspectivo, que até afasta o convívio com as pessoas. Mas isso não é um defeito. O que ele herdou de severo certamente foi do pai, meu irmão Décio, que era assim com todos os filhos. No fundo, é muito afetivo. Ficou muito baqueado com a morte dos irmãos. Chorava. Ficava muito abalado.

Em Montes Claros, eu ia muito à casa do meu irmão Décio, pai do Paulo. E eles à nossa. Sempre houve um carinho especial por mim. E eu o retribuí. E, com meus filhos, o relacionamento também sempre foi muito bom, apesar das diferenças de idade. Me lembro de poucas travessuras dele. Quando morávamos em Montes Claros, minhas filhas costumavam ir à casa dele depois da escola. Num Carnaval, elas o encontraram de máscara. Foi um susto danado. Choraram muito.

Já viajamos juntos uma duas ou três vezes. Minha memória fraqueja... Mas uma fizemos de navio, acho que a Miami. Eu, como viúva, era muito companheira, amiga da mãe dele. Éramos como irmãs. A Elza era um doce.

As pessoas andam muito ocupadas, mas, geralmente, quando há um acontecimento, um aniversário em família, nos encontramos. Falamos dos filhos, de trabalho. Eu fui também a muitas festas dele, os bailes. Ele tem muitos amigos. Ia e, se alguém me tirava, eu ainda dançava.

Quando ele caminhava para ser jornalista, eu o incentivei, achei que ele fazia bem. Muitos na família eram contra. Eu disse: "É uma coisa que você tem vontade e deve seguir". Dessa decisão eu me lembro. Meu irmão, o pai dele, não era muito a favor, havia certa resistência.

Vendo hoje o Paulo, dá prazer saber que ele realizou os sonhos, cada vez crescendo mais. Não me surpreende. Eu esperava isso dele.

Dulce Lopes de Oliveira Aguiar *é mineira de Belo Horizonte, onde nasceu em 1918. É virginiana. Faz alongamentos duas vezes por semana, frequenta aulas de memória, é católica praticante, gosta de assistir televisão, de ler e, principalmente, de passear.*

Bom é o que virá

Vez ou outra, me concentrando na tela do computador, não deixo de me lembrar das colunas escritas à mão, na velha Montes Claros. Os rabiscos no papel. Era como se eu estivesse começando a desenhar ali uma das passagens mais importantes da minha vida. E confesso que eu sonhava com um futuro como este. A gente, quando começa a trabalhar, tem um objetivo. Se vai chegar a ele, é outra história. O mais importante talvez tenha sido jamais perder a esperança, a confiança em minha capacidade.

Quando perguntam por que escrevo, costumo dizer que há duas razões simples, mas fundamentais, para isso. Primeiro, porque gosto. Segundo, porque, como repórter, não me distancio da missão de informar. E, tendo entrado no mundo do colunismo, foi crescendo o desejo e, paralelamente, a necessidade de participar, de dizer: "Sim, presente, cá estou eu".

E para quem eu escrevo? Bom, no início, eu escrevia para uma elite. Não vou dizer que era para o povo, porque não era. Hoje, escrevendo na *Viver Brasil*, tenho a convicção de que meus artigos não são apenas para a elite. Direcionam-se também para o povo. Num determinado tempo, passei a sentir que era lido nesse universo mais abrangente. Volta e meia, na rua, alguém me abordava para fazer uma observação de algo que saiu na coluna. E isso me deixa sinceramente envaidecido. Não se pode achar que só a classe A lê.

E a coluna que voltei a fazer apresenta tanto abordagens elitizadas quanto aspectos que interessam à maioria da população. Não falo o povão, porque a gente sabe que jornal e revista pouco alcançam o povão. Você atinge a massa formadora.

E, no meu caso, os artigos estão aí para o exercício da crítica, havendo que ser crítico, e do elogio, havendo que reconhecer avanços.

E, no colunismo, sem se distanciar do jornalismo, também é possível fazer isso. Claro, jamais me passou pela cabeça o ideal de reformar o mundo. Até porque sei que não tem jeito. Vejamos o caso do Brasil. Reformar não há como. Brinco sempre com os amigos, ao dizer que para o Brasil só há uma saída: correr sangue na rua. Dos que estão aí, ninguém quer mudar nada.

O país poderia estar melhor se houvesse seriedade nas coisas. Há uns 15 anos, estava em Las Vegas, e o brasileiro Ciro Batelli, vice-presidente da rede de hotéis-cassino Caesar Palace, me levou para ver os meandros do negócio que faz girar bilhões por lá. Praticamente uma cidade, câmeras monitorando tudo. Perguntei: "Por que o Brasil não tem jogo?". Ele simplesmente respondeu: "Porque jogo é coisa muito séria". O pior é que aqui tem sim, às escondidas, e muita gente está ganhando com isso. Escrevo sempre sobre um dos males do país, o da impunidade, mas acho que ficam é rindo de mim.

Mas não vou desistir. E o melhor é perceber que, combatendo o bom combate, pude caminhar até aqui. Queria trabalhar e me estabelecer. Conquistar um lugar como colunista. Consegui. Depois de tantos anos, estou numa posição aque muitos chegaram, mas outros não. Às vezes, ainda que tivesse o objetivo lá atrás, talvez não fizesse sentido uma exposição gratuita a respeito. Querer chegar ao topo é natural. Não vou dizer que cheguei, mas diariamente trabalho para isso.

Acho, e isso é o que nos alimenta, que a pessoa não se realiza nunca. Está sempre buscando alguma coisa. Seja intelectual, seja materialmente, você está por se realizar. Não é que falte. Mas é o querer sempre crescer mais. Eu digo que, aos 66 anos, estou resolvido. Mas para estar realizado falta muita coisa. O que é preciso é viver cada dia. E, voltando a meus diálogos com a Serra do Curral aqui da minha janela, nesse namoro que sugere comunhão, essencial é acreditar que bom é o que virá.

Que venha.

Este livro foi impresso nas oficinas da
Rona Gráfica Editora
Rua Henriqueto Cardinalli, 280 – Belo Horizonte, MG
para a
Editora José Olympio Ltda.
em março de 2012
*
80º aniversário desta Casa de livros, fundada em 29.11.1931